アンティーク
コイン投資
解体新書

葉山 満
Mitsuru Hayama

ビーパブリッシング

はじめに

本書を手に取って頂きありがとうございます。

アンティークコイン投資家の葉山満（はやま・みつる）と申します。Ｙｏｕｔｕｂｅなどでは「アンティークコイン投資家の鬼はやまん」として活動していますので、どちらでも馴染みのいい方でお呼びください。


本書を手に取って頂いたということは、あなたは投資に興味を持っているのでしょう。

すでに何かに挑戦されているのか、それともこれから勉強を始めようとしているのかまでは分かりません。しかし、自分の大切な資産を守る方法を模索しているのは間違いないと思います。

私は「投資や資産運用、つまりお金に関することは、お金持ちに学ぶのが一番だ」と思っているのですが、あなたはいかがでしょうか？

・適当に買った仮想通貨が良く分からないうちに爆上がりして、銀行の残高が1億円超えた人
・数百年にわたって栄華を極めてきて、今なお衰えない海外貴族の末裔

もしこの2人が目の前にいたら、あなたは、どちらに教えを乞いたいですか？

私は間違いなく後者なのですが、もしあなたも同じなら、ヨーロッパの富裕層が、何百年も前から資産を守るためにやってきた投資手法をご紹介したいと思います。

本書のタイトルでもある「アンティークコイン投資」です。

非常にリスクが低い「究極の資産防衛術」であるにもかかわらず、時に爆発的なリターンを生み出す「賢者の投資法」と言えるでしょう。

アンティークコイン投資は、日本ではまだまだ知られていませんが、海外の富裕層にとってはとてもメジャーな投資方法ですし、コンビニよりコインショップの数が多い国もあります。
イギリスなどは財源を確保するために国を挙げてコインに投資しているほどです。

私は、他人の投資スタイルに口を出す気はありません。
しかし…。
ただのゲームとしてではなく、大切な資産を守りながら増やし、愛する家族や大切な人との未来を確かなものにするために投資をやるのであれば、ギャンブルではなく賢い投資を学ぶ必要があります。

私は、アンティークコイン投資こそが、まさにそれだと考えています。

本書では、日本には情報の少ないアンティークコイン投資の魅力や、挑戦の始め方、確実な利益の出し方などをしっかりお伝えしていこうと思います。

今までの投資の常識からすると「そんな投資商品ありえない！」と思わず叫んでしまいたくなるかもしれませんが、すべてデータに基づく事実です。
私の主観ではなく、誰にでも分かる明確な根拠を示しながら説明していきますので、イチかバチかのギャンブルではなく、堅実な資産運用を真剣に学びたいのであればぜひ真剣に読んでみてくださいね。

また、ページ数の関係上、書籍に書けることは限られており、アンティークコインという投資商品の性質上、どうしても情報が古くなってしまう側面は否めませんので、本書をお読み頂いた方限定で、最新情報を共有させて頂くコミュニティにご招待致します。
興味があれば、本書内のQRコードからアクセスしてみてくださいね。

葉山満

アンティークコイン投資の鬼

はやまん
コイン投資ラボ

本書読者限定！

アンティークコイン投資で
「勝つため」の最新情報を
無料で公開中！

無料プレゼント中のコンテンツ

・アンティークコインの世界を深く学べる教材（コラム）

・アンティークコイン投資を取り巻く最新情報（動画）

・有料コミュニティメンバー限定オンラインセミナーに特別に無料招待！

・その他、有益な情報を随時追加予定

登録はこちらから

① QR コードを読み取ります

② ページ内のフォームに必要事項を入力して送信します

③ 登録したメールアドレスに案内が届きます

目次

第1章 継続して勝てる投資とは？

第2章 アンティークコイン投資の特徴

第3章

さまざまな投資商品とアンティークコイン投資の比較

第4章 コインを実際に売買するには

第5章

アンティークコイン投資で失敗しないために

第1章

継続して勝てる投資とは？

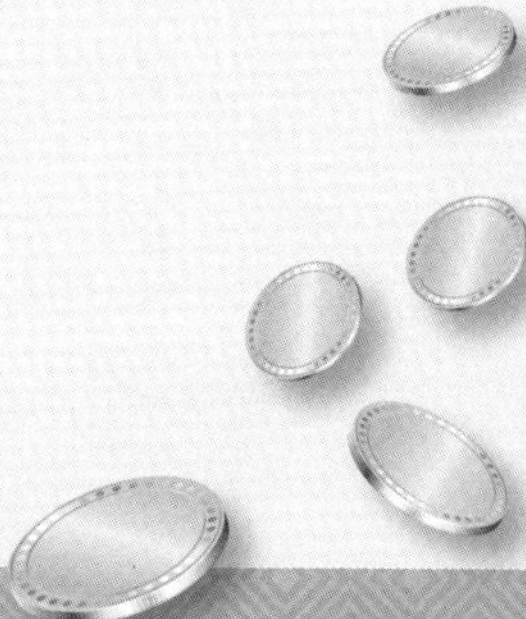

第１節

30年間一度も値下がりしていない投資商品がある!?

これは誰でも簡単に調べられる「データ」です

まず、事実からお話ししますが、アンティークコインは、この30年間一度も値下がりしていません（本書執筆は２０２２年5月です）。

14ページにグラフを掲載しておきますが、そちらを見て頂ければ分かるように、アンティークコインの相場は、ずっと右肩上がりに上がり続けています。

もちろん、１日単位、１ヶ月単位では少しだけ価格が減少することはありますし、後ほどお話ししますが、全てのコインが値上がりするわけではありません。

しかし、「アンティークコイン」という投資商品全体を、1年単位で見ると、**30年間でただの一度も値下がりしていないのです。**

有事の時に強く暴落しないアンティークコイン

多くの資産家に大打撃を与えた2008年のリーマンショック。未曾有の経済危機も、アンティークコインには一切影響がありませんでした。

次ページの罫線で囲ったところが2008年です。他の金融商品が大きく値下がりしているのに、アンティークコインは影響を受けていないのがお分かりになるかと思います。

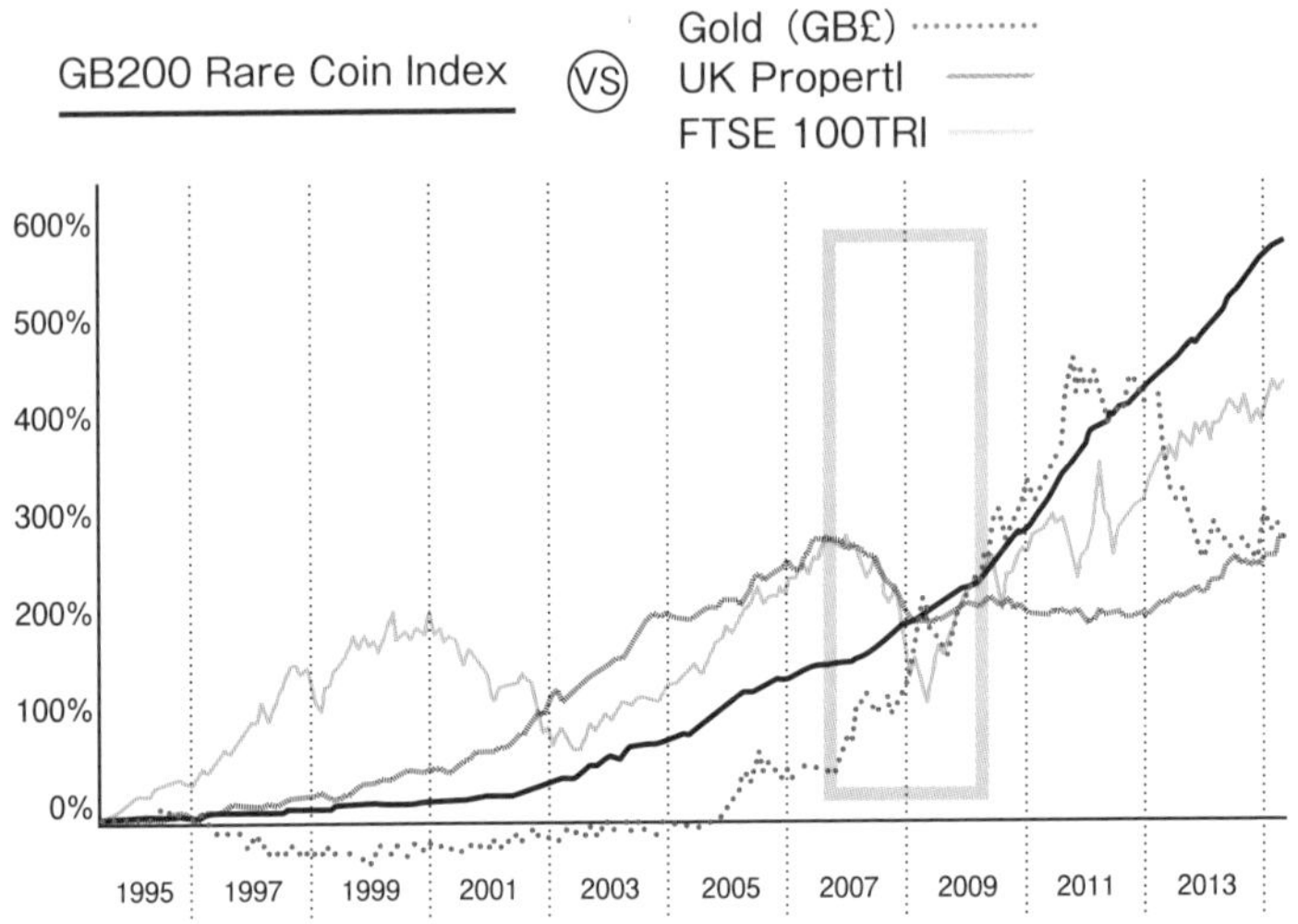

当時あらゆる分野で資産価値が大暴落したことは、アンティークコインの資産価値を証明する結果になったと言えるでしょう。

また、2020年からのコロナウィルスの世界的流行は経済だけではなく、資産価値にも大きな打撃を与えました(17ページ下のグラフ)。

後ほど詳しくお話ししますが、このようにアンティークコインという投資商品は有事の時に強く、暴落をすることがほぼないという特性から、30年以上その価値を上げ続けてきているのです。

そうした価値に気がついた人も増えているのでしょう。アンティークコインを資産として購入する方がどんどん増えており、その価値も高まっています。

まずは私の個人的な主張ではなく、あくまで「客観的なデータ」として、アンティークコインという投資商品の魅力についてご自身の目で確認してみてください。

「そんな投資商品があったなんて！」と、きっと本書を読み進めたくて仕方がなくなるでしょう。

2000年から2020年までのアンティークコインの値動き

Knight Frank Luxury Investment Index

%Change in Sterling Value to End Q3 2013

	1year	5year	10year
Classic Cars	+23%	+115%	+395%
Coins	**+25%**	**+93%**	**+248%**
Stamps	+9%	+72%	+216%
Fine Art	0%	+92%	+199%
Fine Wine	-19%	+7%	+166%
Jewelry	+9%	+77%	+140%
Chinese Ceramics	+0.4%	+54%	+85%
Watches	+8%	+27%	+76%
furniture	-9%	-12%	-18%
KFUI	+6%	+64%	+175%

※参考：Wealth Report 2013.Knaght Frank

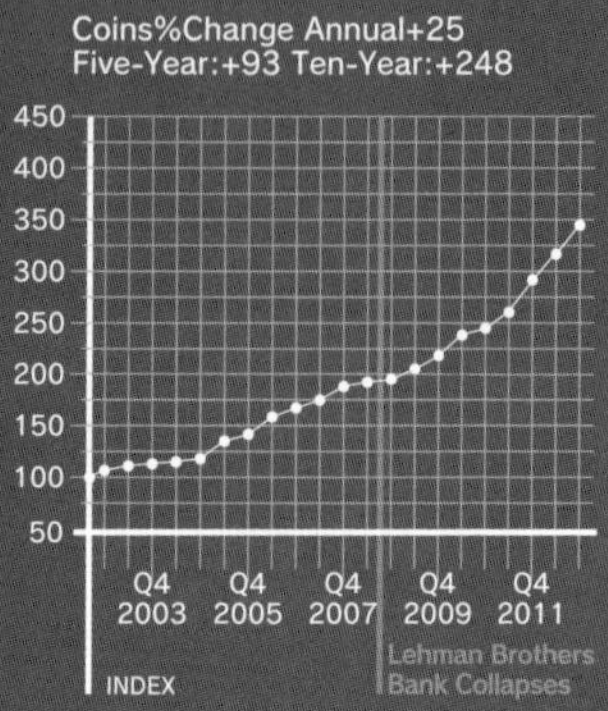

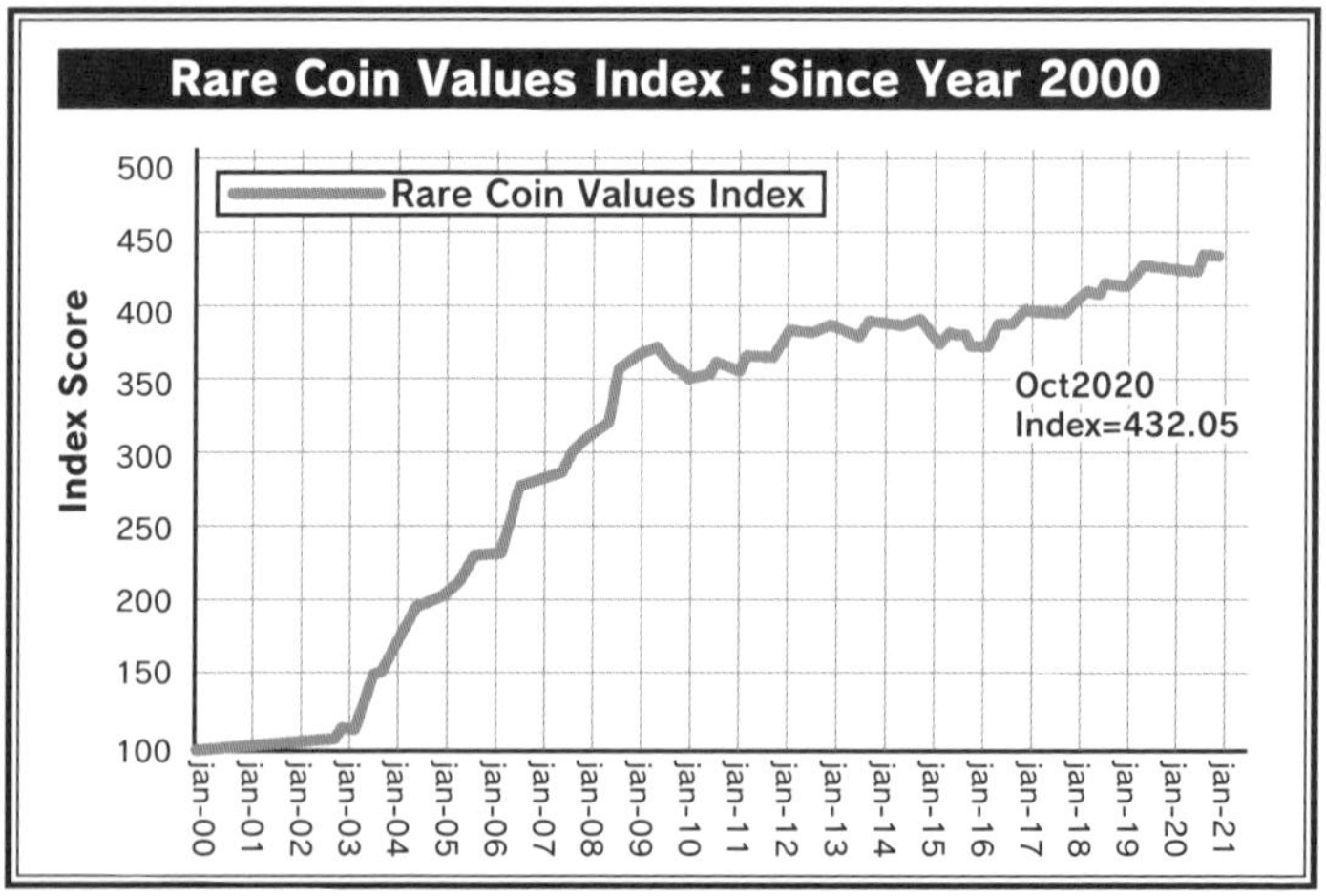

出典：https://www.us-coin-values-advisor.com

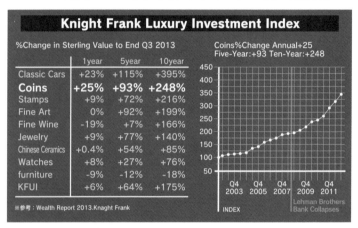

2019年11月から2020年10月までの アンティークコインの値動き

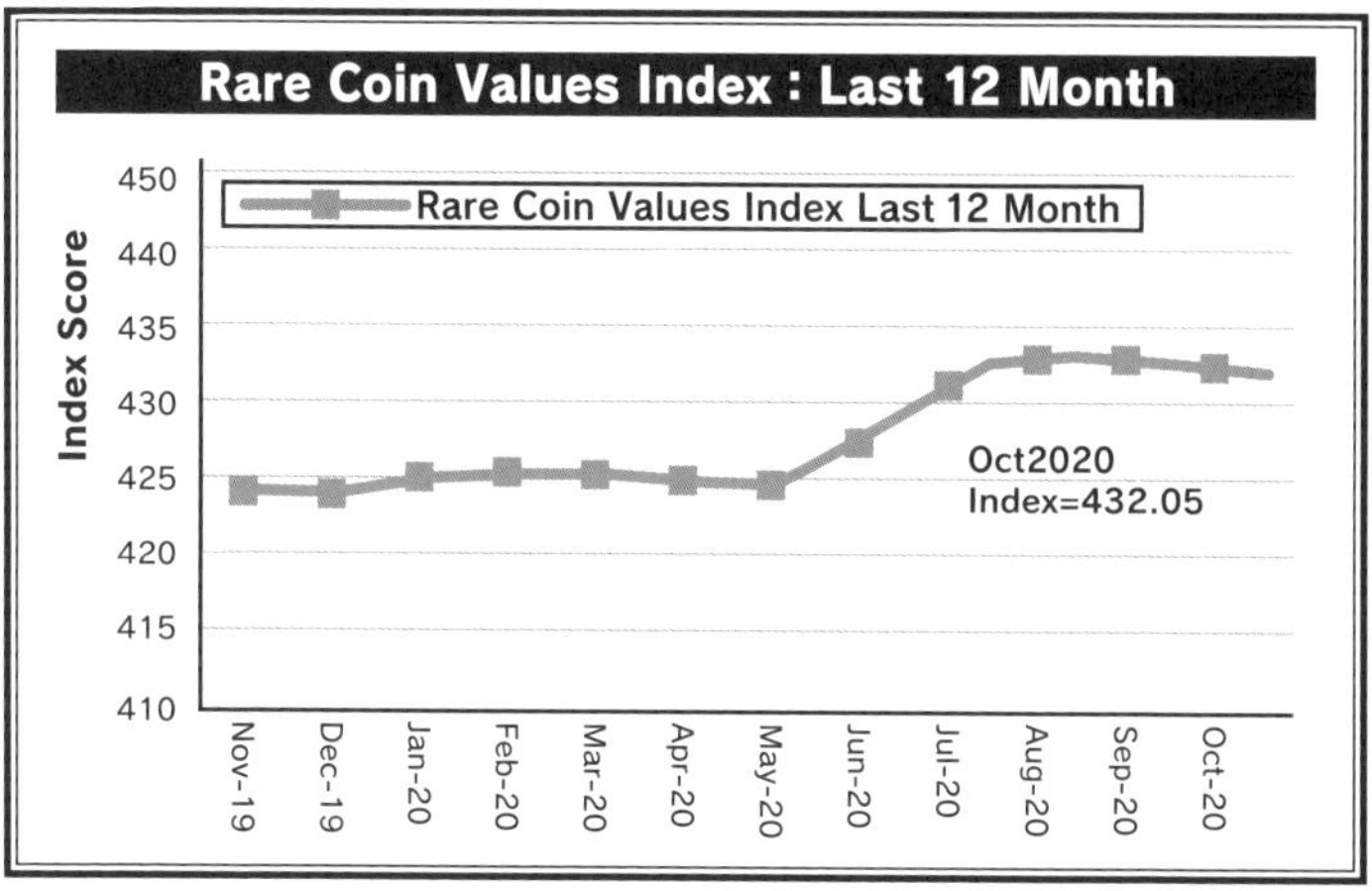

出典：https://www.us-coin-values-advisor.com

新型コロナウイルスと投資に関する調査

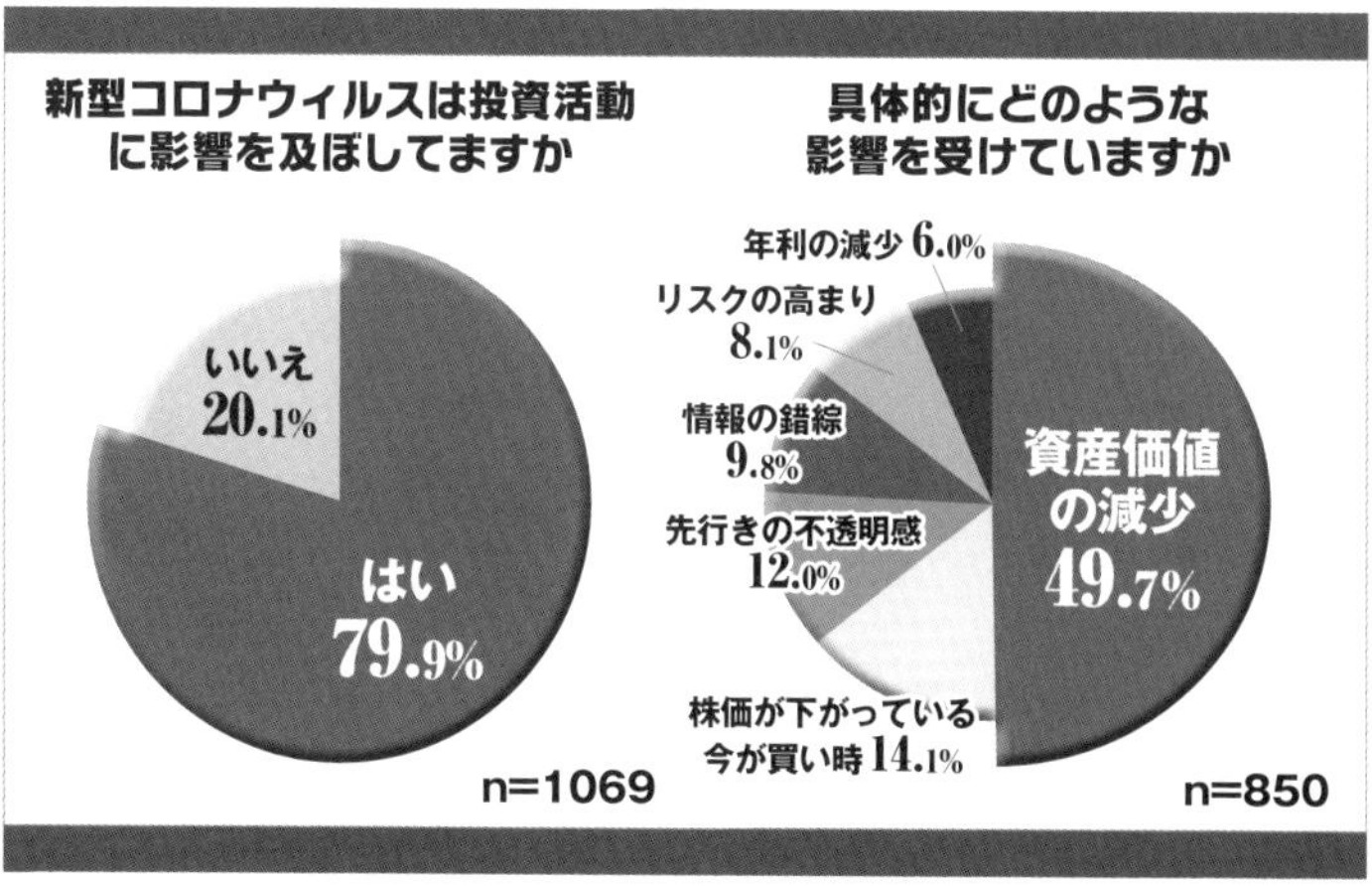

出典：新型コロナウイルスと投資に関する調査（JSK パートナーズ）より

第2節

投資は全てギャンブルだと思おう

投資で勝つためのマインドセット

まず、アンティークコイン投資に限らず、勝てる投資家になるために、もっとも大事な1歩目をお伝えします。それは「全ての投資はギャンブルである」という考え方からスタートすることです。

これは、一般的に言われているような「株式投資や不動産投資は投資だけどFXは投機だよね」というニュアンスではありません。

不動産だろうが金(GOLD)だろうが、本書のテーマであるアンティークコインだろうが、資産が減る可能性が少しでもあるものは全てギャンブルなのです。

勘のいい人ならお気づきでしょう。この考え方に基づくならば、銀行に預金するのも、家のタンスに現金をおいておくのも同じです。銀行の破綻、盗難、為替の変動などで資産が減る可能性があるからです。

もっと大きなくくりで言えば、人生だってギャンブルですよね。どの会社に就職するのか、誰と結婚するのかも全部ギャンブル。私も含めみんな将来的にはどうなるか分からない選択の繰り返しで生きているはずです。

では、投資において金（ＧＯＬＤ）と不動産は何が違うのか？　株と仮想通貨は何が違うのか？　それは、リスクの大きさです。

リスクというのは危険性のことではない

多くの人が、リスクという言葉を聞くと「危険性」というニュアンスを思い浮かべると思います。しかしこれは正確ではありません。**リスクとは「不確実性」のことです。**

たとえば、あなたは、次のゲームのどちらをやりたいですか?

【A】サイコロを振って、1が出たら4000円もらえる。
【B】サイコロを振って、1以外(2、3、4、5、6)が出たら600円もらえる。

中学校で勉強した「確率」に従うなら、Aのゲームの期待値は666円、Bのゲームの期待値は500円となります。

つまり、Ａのゲームをやる方が得だということになりますね。

しかし、Ａのゲームは６分の５の確率で１円ももらえず、逆に、Ｂのゲームであれば６分の５の確率で賞金がもらえます。あなたなら、どちらのゲームを選択しますか？

このケースの場合、多くの方がＢのゲームを選ぶと思います。

それは、Ａのゲームの方が不確実性（リスク）が高いからです。

もちろん、中にはＡのゲームを選ぶ方もいると思います。確率に従って得な方を選ぶ人や、６００円程度もらっても仕方ないと考える人などですね。しかし金額がもっと増えるとどうでしょうか？

【A】サイコロを振って、1が出たら4億円もらえる。
【B】サイコロを振って、1以外(2、3、4、5、6)が出たら6000万円もらえる。

こうなってくると、Aのゲームを選ぶ方はさらに減るでしょう。当然ですが、もらえる賞金の期待値はAの方が1666万円も高いにもかかわらずです。

リスク(不確実性)が高い選択肢を選ぶと、ギャンブル性が高くなるのです。

重要なのはリスクをコントロールすること

あなたは100万円を5分で2倍にしなければ死んでしまうとしたらどうしますか？

私ならばカジノに行って赤か黒に全額賭けます。2分の1の確率で死んでしまいますが、2分の一の確率で生き延びることができるからです(実際にはテラ銭の問題があるので2分の1ではありませんが、便宜上)。

50%でゼロになるという高いリスクはありますが、50%で倍になるという高いリターンもあるわけです。

もちろん例外もありますが、まともなものはリスクが高いほどリターンは高く、リスクを抑えようと思ったら高いリターンは期待できません。

100万円を1年間で110万円にしたい! という目標を達成するだけなら、リスクを抑えて挑戦する方法はいくらでもありますが、100万円を1年で1億円にしたいと思ったら、レバレッジを最大に効かせたFXか仮想通貨にイチかバチかで挑戦するしかないでしょう。

・いくらの資産を、いつまでに、いくらにしたいのか？
・そのためにどの程度のリスク（不確実性）を許容できるのか？

投資で勝つためには、各投資商品のリスクを正しく把握して、適切なリスクを取りながら資産を増やしていくという考えをもつことが重要なのです。

投資というのは目的ありきであって、目標を達成するために正しく選ばれた手法であれば、それが投機的であろうがどれだけリスクが高かろうが問題ないのです。全ては自由、全ては自己責任。投資手法に良し悪しはなく、あるのはそれぞれの「特徴」だけだということをまずは理解しましょう。

第３節

投資を始めた目的と理想を明確にしよう

あなたはなぜ投資を始めたのですか?

もちろん、きっかけや理由は人の数だけあると思います。しかし、多くの方は「安心を得るため」に投資を始めたのではないでしょうか。株取引がおもしろいとか、ＦＸがゲームみたいで楽しいとか、そういった理由ではなく…自分や大切な家族の人生を守るために、資産を守り、増やしていきたいと思ったからでしょう。

ひとことで言うなら、豊かに生きていくために投資を始めたはずなのです。

しかし世の中の投資の多くは、うまくお金を稼げたとしても、落とし穴があります。私は今、あなたにアンティークコイン投資の魅力を伝えるために本書を執筆していますが、なんとなくアンティークコイン投資を始めて、運良くうまくいったわけではありません。

私は16歳の頃から、すでに20年以上、株式投資、ＦＸ、不動産投資、事業投資など、様々な投資に挑戦をしてきました。もちろん運もあると思いますが、勝ちパターンを見いだすのが好きなので、全ての投資でプラス収支となっています。

しかし、どの投資もメインでやっている時は、ものすごくストレスを感じていたのです。

・株式投資、ＦＸであればパソコンに張り付く労働のような日々。
・不動産投資あれば空室リスクが心配で他のことに手が着かない。
・お金だけ出した事業投資であれば、事業がうまくいかないリスクに怯える日々

体と精神をすり減らしながら投資をしてきて、ある日限界がきました。体調を崩し倒れてしまったのです。ベッドの上で私が気付いたことは次のことでした。

「心の平安がもたらされる投資こそが本物の投資である」

この大事なことに気がついてからは、リスクを限りなく減らし、心に負担のかからない投資はないものかと探し続け、たどり着いたのが今魅力をお伝えしているアンティークコイン投資なのです。

これから詳しくお話ししていきますが、アンティークコイン投資はすごくシンプルです。買って、保有して、上がったら売る。パソコンに張り付いたり、忙しく何かをしたりする必要はありません。

先ほどグラフでお見せしたとおり、長期的に見ると相場が下がることが無いので、価格の上下に一喜一憂することなく、穏やかに投資を行うことができます。同じような投資商品に金（GOLD）がありますが、よりローリスク・ハイリターンです（こちらも後ほど詳しく説明します）。

どんな投資でも好きなものに取り組んでいいと思いますが、豊かに生きるために投資を始めたのなら、特に最初の頃はリスク（不確実性）は低く保つに越したことはないのです。

心をすり減らしながらやる投資ではなく、本当の意味での資産運用。豊かに生きていくために、ぜひこの意識を持ってほしいなと思います。

勝ち負けのある投資に手を出すのはオススメできない

私は、株やFX、仮想通貨に関しては「勝ち負けのある投資」と呼んでいます。

これらは投資対象の価値が上がるわけではないので、勝った人が負けた人のお金をもらう仕組みで成り立っているからです。つまり、あなたが１万円儲かるということは、誰かが１万円損をしているのです（株式に関しては、デイトレではなく企業の成長を見越した中長期投資であれば勝ち負けのある投資とは言えないかもしれませんが）。

パチンコや競馬や宝くじと同じようなものです。

言いすぎだと思われるかもしれませんが、そのくらい「勝てる理由に再現性がない」のです。パチンコや競馬の勝ち分で生活している人は実際にいて、彼らは彼らなりに下調べやリサーチをしていて、自分のノウハウに自信をもっているのかもしれませんが、あなたは彼らを「投資家」だと思わないはずです。

もちろん、株やＦＸで利益を得ている人もいますし、私自身、大きな利益を生み出しています。

しかしそれは、**ギャンブルであることを理解し、高いリスクを許容して感覚的な判断で売買をしている**のであって、ノウハウとして体系化することはできないはずです。もちろん私も、株やＦＸはリスクの高い投機であると割り切ってやっています。

株も、ＦＸも、仮想通貨も、パチンコや競馬も…手数料を引かれたお金を市場のみんなで奪い合うギャンブルに過ぎません。

あなたが本当に賢く資産を殖やす「投資家」になりたいと思うなら、まずはここをしっかりと理解して、勝ち負けのある投資は避けた方が無難でしょう。

第４節

勝ち負けのない投資とは?

そもそも投資ってなんだろう?

ところで、そもそも「投資」とは何なのでしょう? あなたはこの質問に、明確な答えをもっていますか?

いろんな考え方があると思います。これが答えだ、と私の考え方を押しつけるつもりはありません。

ただ、私なりに最もシンプルに定義するなら、**持っている「資産」を「投じる」ことで、将来それ以上の利益になって返ってくるのを期待する行為**という感じになります。

株を100万円分買うのは、120万円で売れたらいいなぁと思うからでしょう。

投資目的で1億円の不動産を買うのは、毎月家賃収入をもらいながら、いつかもっと高額で売却できたらいいなぁと思うからですよね。

ちなみに、人がもっている「資産」というのは、お金と時間です。

というか、お金と時間は本質的には同じものです。

たとえば、コンビニで時給1000円のアルバイトができる人の1時間は、1000円と同じものだという事ができます。10万円の最新iPhoneが欲しければ、100時間を労働に捧げることで、手に入れることができるよね、という意味です。

逆に、忙しくて家事に手が回らなければ、時給2000円で家事お手伝いサービスを利用することができます。これは、2000円を支払って1時間という時間を買っているようなものです。

人はみんな生まれながらに平等に「時間」という資産をもってい
て、社会に出てからは「時間を使ってお金を稼ぐ」労働をし、そこか
らさらに「お金を使って時間を買う」というようなことをしているの
です。

工場や飲食店などが設備や求人にお金をかけることを、設備投資・
人材投資などと言いますし、将来の収入を増やすために、時間をかけ
て何かを学ぶことを「自己投資」と言ったりしますね。

結婚相手を見つけるために女性が美容にお金を使うのも、自己投資
と言えるでしょう。

投資の極意を教えましょう。

投資のシンプルな極意。それは、安く買って、高く売ることです。つまり、将来値上がりするものを買い、値段が下がるものを買わないことです。

「ふざけるな！　なにを当たり前のことを、偉そうに言ってるんだ！」

そういう声が聞こえてきそうですが、ではどういうものが値上がりするのか(値下がりするのか)考えたことはありますか？

世界三大投資家と名高いジム・ロジャーズもこう言っています(35ページ上部の格言)。

Buy low and sell high. It's pretty simple. The problem is knowing what's low and what's high.

安く買い、高く売る。なかなか簡単だろう？問題は何が安く、何が高いかを知ることだ。

・そもそも投資とは何なのか？
・本当の安定とは何なのか？
・モノの価値とは何なのか？

このような基本的なことを改めて一緒に確認していきながら、１歩ずつ確実に、勝てる投資家への道を歩んでいきましょう。

もしかしたらあなたは、私が**「株やFXなんてやるやつは馬鹿だ！　アンティークコインに投資するのが最強だ！」**という意見をもっていると思っているかもしれませんが、それは完全な誤解です。

先述の通り、私はこれまであらゆる投資に挑戦してきました。株式・FX・不動産・飲食店など事業への投資など、現在も様々な投資を行っています。

何度も繰り返しますが、投資に優劣などありません。

あるのは、それぞれの投資の「特徴」だけです。ただ、できるだけリスクを抑えて確実に資産を増やしていくためには、できるだけ値下がりせず、値上がりが期待できるものを選ぶ必要があります。

第５節

「賢者の投資」とは何か

賢者の投資に必要な２つのルール

確実に値上がりが期待できるもの。それは、次の２つの特徴を「どちらも」もっているものです。

【ルール１】数が限定されていて、その数が減っていくもの
【ルール２】その商品自体に愛好家（コレクター）が存在するもの

ルール１を満たすためには現物でなければいけません。要するに、株・ＦＸ・仮想通貨など、実際に「モノ」が存在しない投資商品ではなく、不動産やワイン、金（GOLD）のように実際に存在するもののことです。

現物ではないものは、どうしても勝ち負けのある投資になってしまいます。誰かが1万円儲かるのは誰かが1万円損しているから、といった具合にです。

その上で、不動産などは将来的な開発の数によっては供給の方が大きくなってしまい、価値が思ったように上がらない可能性もありますよね。

ルール2の愛好家が必要というのは、そのことによって価値が保たれるからです。どれだけ数が減ろうが、それを欲しがる人がいなければ値段は下がります。

腐ったり、劣化したり、古くなることで価値が落ちるモノもダメですね。

【欲しがる人は減らないのに数が減っていくもの】

この商品を売買することが、本当の「投資」なのです。

たとえば、腕時計。

ロレックスやパテック・フィリップなどの歴史のある人気ブランドは、古くからの愛好家が多く、中古品になっても値段が下がりにくい傾向にあります。

それに対して、ウブロなどの新しいブランドは、今は人気がありますが長期的に見ると値崩れするリスクが高いと言えるでしょう。

ファッションブランドで言うと、ドルチェ&ガッバーナなどの新しいブランドよりも、ルイヴィトンのように歴史が古く愛好家も多いブランドの方が値段は下がりにくいのです(誤解しないでください。ドルチェ&ガッバーナは大好きなブランドです)。

大事なのは資産運用、資産の置き換えという考え方です

たとえば、今あなたが、年利5%の銀行にお金を預けているとします(現在では考えられない高金利ですが、たとえ話です)。

もし他に、年利7%の銀行があることを知ったら、預金の一部、もしくは全部をそちらに移すことを検討するのではありませんか?

もちろん、他にもいろんな要素があるとは思いますが、きっと預金を移すことを「検討」はするのではないかと思います。これは、そちらの方が、資産を賢く運用できるからですよね。

多くの方が、金（ＧＯＬＤ）の積み立て投資をしていますが、彼らは「投資」というよりは「運用」という感覚で金を買っていると思います。

私は「アンティークコインは儲かるからなんとか資金を用意して大量に買おうよ！」と言いたいわけではありません。

たとえば、今銀行に５００万円貯金があるなら、その内３００万円をアンティークコインという資産に変えて保有しませんか？という提案をしたいのです。

【世界の富裕層がやっている究極の資産防衛術】

私はアンティークコイン投資をこのように表現します。それは、アンティークコインというのものが、もはや投資商品ではなく絵画やワインやクラシックカーや金（GOLD）のように、高い確率で値上がりする「資産」だからなのです。

私自身、実際にアンティークコインを持っていますが、投資をしているという感覚はあまりありません。**高い確率で値上がりが見込める金融価値のある資産を保有しているだけで、値段が上がったら好きなタイミングで売る。**というような感覚です。

- **大きく値下がりする心配はないからほぼ安心**
- **もっと高く買いたいという人がいたら売却して利益を確定する**
- **そしてそのお金でまた値上がりしそうなコインを買う**

という感じなので、投資というより、まさに資産を運用している感じです。

このように、資産運用と聞くと、かなりリスクが低いモノに感じませんか?

今すぐ始めた方が良い理由がある

貨幣学は、欧米をはじめ世界では常識的な学問で、オーストリアのウィーン大学を始め、多くの大学でアンティークコインの歴史を学ぶための講義が行われています。

しかし、なぜか先進国で日本だけは、この学問がないのです。

なんと、日本でのアンティークコインの認知度は、まだ０・１%だと言われています。

ただし、最近では、アンティークコインに関する情報が少しずつ増えてきており、弊社サロンや友人のサロンでも、数年前に比べてアンティークコインの購入や問い合わせもだんだん増えてきています。

今後さらに、アンティークコインの世界に進出する日本人も増えてくるでしょう。

「参入者が増えてきたら稼げなくなるから、今始めた方がいいよ！」と煽りたいのではありません。

参入者が少々増えたくらいでどうこうなる分野ではないからです。

むしろ、参入者が増えるということは、コインを欲しがる人が増えるということです。

そうすると…そうです、コインの価格が上がっていくのです。

つまり、まだほとんどの日本人がやってない今、このアンティークコインの業界に参入して、実際にコインを購入して保有しておけば…

今後、参入者が増えた時に、コインの価格が上がって大きな利益を得られるかもしれないということですね。

だからこそ、１年後に購入するよりは１ヶ月後に購入する方がいいし、そのための勉強も今すぐ始めた方がいいということです。

何故アンティークコイン投資を薦めるのか?

アンティークコインが素晴らしい投資商品であるという情報発信をしていると、「そんなに儲かるなら自分で買えばいいじゃないか。怪しい!」というメッセージを頂くことがあります。

とても悲しい考え方だぁと思うのですが、まぁ言っていることは分かります。

また、すでにお話ししたような「勝ち負けのある投資」に関しては、誰かが儲かる時には誰かが損をするので、同じようなロジックが成立しそうですね。

しかし、アンティークコインは違うと言い切れます。

値上がりの期待できる商品が、何億円、何十億円分とあるので、私が利益を独り占めしようと思っても、とても買い占めるようなことはできないのです。

私は、投資は素晴らしいものだと思っています。

時間を売ってお金を得る労働には限界があり、豊かになるためには資産運用は不可欠です。

よく、「日本人は、老後も生活費を稼ぐために警備員の仕事をしたりする一方で、欧米の高齢者は、プール付きの家で悠々自適な老後を送る」というようなことが言われます。

これは、欧米の皆さんが老後働かなくてもいいように計画的に資産運用をしているからなのです。

私は仕事柄、海外の方との付き合いも多いのですが、私は日本人が好きです。勤勉で素晴らしい国民性を持っていると思います。
しかし、世界の投資家達と比べて「本当の投資」を行えている人は少ないのが現実です。

投資に興味をもっている人も、私がこれまでお話ししてきたような「ギャンブル性の高い投機」しかやっておらず、資産を運用できている人は…ほとんどいません。
だからこそ…私の活動を通して、１人でも多くの方に、豊かな人生を送れるようになってほしいのです。

あなたも、美味しいレストランや、面白い映画、楽しいスポットを見つけたら、友人に教えたいと思うのではないでしょうか。

同じように私は、不安なく豊かな人生を送ってもらうための方法論を、私の周りにいる人に伝えていきたいと思っています。

その活動のひとつが、本書の執筆です。

- **海外富裕層がやっている究極の資産防衛術**
- **心をすり減らすことのない賢者の投資**

こういったものに興味があれば、ぜひこのまま次章以降を楽しく読み進めてください。

第 **2** 章

アンティークコイン投資の特徴

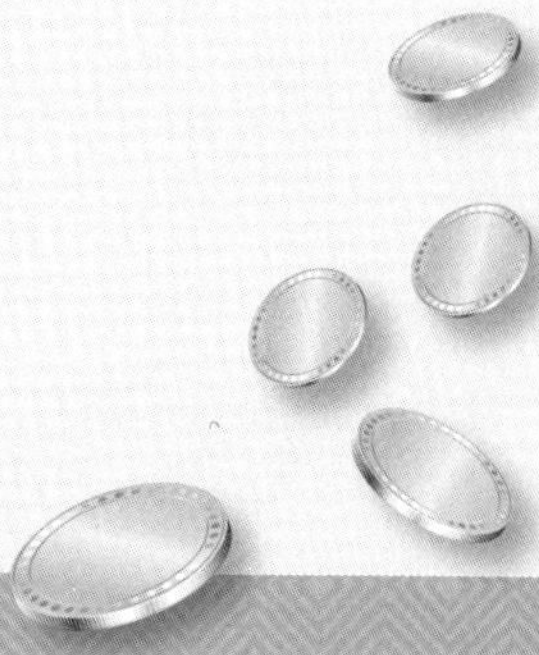

第１節

アンティークコイン投資の可能性

６００万円が、わずか21ヶ月で２３５９万円に！

第１章では、アンティークコインのリスクの低さについて説明してきましたが、実はこの商品、注目すべきはリスクの低さではありません。

同じようにリスクの低い投資商品として知られる金（ＧＯＬＤ）よりも、爆発的値上がりの「夢」があるのです。

たとえば、私自身のケースを説明しますと、私はアンティークコイン投資を資金６００万円でスタートしました。

安価なコインを何枚も購入するのではなく、全額を１枚のコインに投資しました（実はこれがアンティークコイン投資で大きな利益を得るためのポイントのひとつでもあります）。

すると、最初に購入してから6か月で、コインを買いたいという人が現れて８３９万円で売れました。

その売却益を元手に３枚のコインを購入し保有していたのですが、そこからさらに４ヶ月後に値上がりが期待できそうなコインを見つけたので、この３枚を１０４３万円で売却して、さらに5枚のコインを購入。

そのような取引を繰り返した結果は…。

600万円の資金が21ヶ月後に2359万円になったのです。

次のページに資産の変遷を簡単なグラフにしています。

21ヶ月で254・3％の価格上昇なので、月利に換算すると12・1％、年利は145％ということになります。

もちろん、全てのコインがこれほどの利回りを出すわけではありません。正直に言いますが、これは私が購入したコインの中で一番良い結果であり、かなり運が良かったケースだと思っています。

しかし、私が他に購入したコインも、私と一緒にアンティークコイン投資を始めた友人のコインも

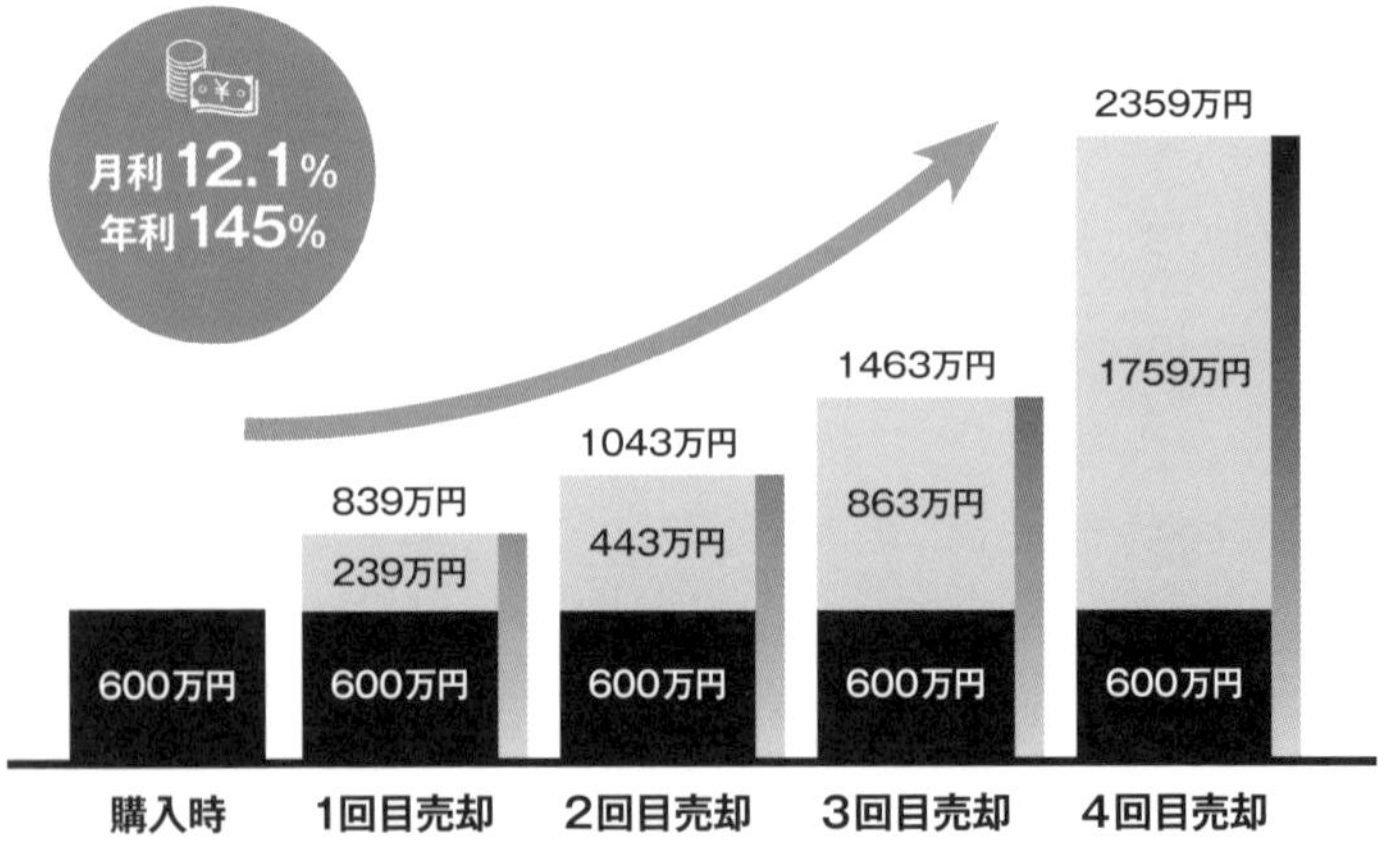

もれなく価格は上昇しています。**私の場合、平均すると、年利は26％程度です。**

4年で価値が10倍以上に！　フルセット1億円超えのコイン

さらに、世界には、もっとすごい例もあります。

たとえば、下に載せたコインを見てください。

このコインは、アンティークコイン投資を学ぶ上で避けては通れないくらい有名なコインで、イギリスの「ウナとライオン」という金貨です。


ヴィクトリア女王の即位を記念して1839年に発行された5ポンド金貨で、そのあまりにも美しいデザインから、世界で最も美しいコインと言われています。

ウナとライオン

２０１１年頃は４００〜５００万円で売買されていたのですが、近年爆発的に価値を上げげ、２０１５年にはこのコインを含む15枚フルセットが遂に１億円を突破しました。

発行枚数が４００枚と非常に少ないことから、状態のいいコインが市場に出てくるとどんなに高くても手に入れたいと考えるコレクターがいるのです。

日本でも、２０１５年11月放送のなんでも鑑定団にこのフルセットが登場し、３５００万円の鑑定結果が出ました（３５００万円と１億円、価格に大きな差がありますが、コインの価格はグレードによって大きく変動します。これは後ほど詳しくお話ししますね）。

他にもある！　アンティークコインの値上がり事例！

世界トップの１枚だけではなく、他にもいくつかご紹介しましょう。

●ゴチッククラウン銀貨

ゴチッククラウンは、イギリスのヴィクトリア女王の即位10周年を記念して1847年に発行されたコインです。5シリングに相当するクラウン銀貨であり、コインの銘字にゴシック体の文字を使ったため、「ゴチッククラウン」と呼ばれています。

ウナとライオンと同じウィリアム・ワイオンという彫刻師がデザインを手掛けました。

ゴチッククラウンは2010年頃までは50万円程度で取引されていましたが、2015年頃には100万円程度か、時にはそれを上回る価格で取引されるようになりました。

状態の良いものであれば200万円以上で取引されることは珍しくなく、5年で2倍以上の値上がりを見せているコインと言えます。

ゴチッククラウン銀貨

ただし、ゴチッククラウンは流通用のコインであったため、状態が悪いものも多いです。状態が悪いものはあまり値上がりしておらず、今後の価格上昇も期待はしにくいでしょう。

ここでお話ししている「状態」は、コインのグレードとも呼びますが、コインの価値に大きな影響を与えるので覚えておいてください。本書後半でしっかりとご説明します。

●5ギニー金貨

アフリカのギニアで産出された金を使ったイギリスの金貨には、ギニーという通貨単位がつけられています。1663年から1816年まで使われており、肖像に関係なくまとめて5ギニー金貨と呼びます。

5ギニー金貨も値上がりが激しく、2011年には50万円前後で取引されていましたが、2017年には

5ギニー金貨

500万円程度になり、6年で約10倍も価格が高騰しています。

1677年に発行されたチャールズ2世の5ギニー金貨だと、2000万円以上の価格で取引されることもあります。


このコインの事例で注目してほしいのが「国」です。

いくつかご紹介したように、アンティークコインは時間とともに数が減って希少価値が高まり、結果値上がりする性質があります。

ただし、イギリスのコインは既に高騰しきっており、これからも同じペースでの値上がりが見込めるかは不明です(下がるとは思えませんし、少しずつ価値は高まるでしょうが)。


また、既に1枚に数千万円と言った高額な値段がつけられることも多く、誰でも購入できる価格ではなくなっています。

したがって、これからアンティークコイン投資を始める方は今後値上がりが期待できるコインを探す必要があります。

まだ注目度が低く、これから値上がりのポテンシャルが見込めるコインは、例えば神聖ローマ帝国やフランスのコイン古代ギリシャ・ローマ時代の古代コインなどが挙げられるでしょう。

アンティークコイン全体では値下がりしていないとは言え、1枚1枚のコインを見ていくと、値下がりするものや思ったほど値上がりしないものもあるのです。

大切な資産を、確実に、少しでも増やそうと思ったら、勉強が必要だということも覚えておいてください。

メディアの影響で爆上がりしたコイン事例

どんなコインが値上がりするのか、100%確実に把握する方法はありません。

私は、経験上かなりの精度で予想することができますが、それでも百発百中というわけではありません。

そんな中、これから始める方は何を指標にコインを選べばいいのでしょうか？　もちろん学ぶべきポイントはたくさんあるのですが、その中でも比較的分かりやすい値上がりの根拠が「メディア関連」です。要するに、「欲しい！」と思う人が増えれば増えるほどコインの価格が上がるわけですから、それを元に類推する方法です。

具体的に、映画の例を2つ紹介しましょう。

●【映画】英国王のスピーチジョージⅥ世

ジョージⅥ世はイギリスの国王で、現在のエリザベス女王陛下の父親にあたります。彼のコインは人気が高く、今後の利回りも期待できます。

ジョージⅥ世の人気の火付け役となったのが、2010年に公開された映画「英国王のスピーチ」でした。

この映画は、吃音に悩まされたイギリス王ジョージⅥ世とその治療にあたった植民地出身の平民である言語療法士の友情を、史実に基づいて描いた作品で、第83回アカデミー賞では作品賞など4部門を受賞した作品です。

この映画をきっかけに、ジョージⅥ世のコインは市場から消えたとまで言われており、近年、高値で取引がされている英国コインの中でも非常に人気の高いコインと言えます。さらに、価格が２００％上昇しているコインにも名を連ねています。

コインには英国王ジョージⅥ世の横顔の肖像が描かれていて、代々受け継がれる端正な顔がとても印象的です。

中でも、１９３７年に発行されたジョージⅥ世の5ソブリン金貨は発行枚数が５５００枚とされ、その人気だけでなく、投資商品としても大変価値の高い一品逸品と言えます。

●【映画】テルマエロマエハドリアヌス帝

ローマ皇帝も大変人気の高いコインで、その火付け役となった映画が「テルマエ・ロマエ」です。

この映画で登場するのが、ローマ皇帝で最も栄えたと言われる〝五賢帝〟時代の三代目皇帝ハドリアヌスです。

ハドリアヌス帝は皇帝の中でも特に高い評価を受け、人望に厚く、一度しか会っていない兵士の名でさえも正確に記憶していたと言います。彼は、帝国の維持には平和が最も必要だと考え、ローマ帝国に安定をもたらした人物と言われています。そして、関連するコインのほとんどがどれも値上がりしています。

そのコインとは、ハドリアヌス帝の肖像が描かれたデナリウス銀貨です。コインの裏面には、手に花を持ち明かりを灯らしている人物が描かれ、〝Pietas〟は、当時のローマ人が美徳としていた一つです。

〝Pietas〟はラテン語で「献身」「家族愛」「思いやり」を意味し、ハドリアヌス帝が最も必要としていた平和へ思いが感じられます。

このように、コインに関連しそうな映画や漫画、アニメがヒットしそうだなと感じた場合、関連したコインを買っておくと思いがけない値上がりを見せることがあるかもしれないということですね。

いつでも狙って買えるものではありませんが、このように私たちの生活に近いところで起きたことが、コインの価格高騰に繋がることもあるということが伝われば幸いです。

預金よりもリスクが低く、不動産よりもリターンが高い

ここまで、私の実体験も含めていくつか事例をご紹介してきましたが、いかがでしょうか？　夢のある投資商品だとは感じませんか？

第1章でグラフを確認してもらったとおり、**30年以上一度も値下がりしないほどリスクが非常に低いにも関わらず、時にこのようなビッグリターンが見込める**のです。

私が大きく収益を上げたコインや、ウナライオンほど爆発的な利益が得られないとしても、1年間で20%、30%と値段を上げるコインは数え上げるとキリがありません。

このような特徴のあるアンティークコイン投資を、私はこう表現しています。

【預金よりもリスクが低く、不動産よりもリターンが高い】

あなたが投資について明るければ、次のような知識を持っているかもしれません。

「普通預金はとてもリスクが低く（しかしリターンはほとんど見込めない）、不動産投資はリターンがそこそこ大きい（しかしリスクもいろいろある）」

普通預金を投資と呼ぶかは人それぞれですが、一応金利というかたちで配当を受け取ることができますよね（5年定期でも、わずか0・22%程度ですが…）。

しかも、銀行の破綻やインフレによる現金の価値減少が、可能性は低いながらリスクとして残ります。

一方で不動産の場合は、

・取得にまとまった資金が必要
・空室が出てしまうと家賃が入らない
・換金性の低さ

といったリスクが高めですが、うまく入居者を確保しづけることができれば、年間8～10％ほどの高いリターンが見込めます。

これに対して、今回ご紹介しようとしているアンティークコイン投資は、不動産のようなリスクがほとんど無いにもかかわらず、年間10～30％の利回りが出ます。

もちろん、値段が下がらないと断言はできません。

しかし、事実として、アンティークコイン全体で見ると30年間価値が上がり続けているのです。リーマンショック時も、コロナショック時も、変わらず価値を保っています。

もし年利10％で10年間資産運用できると、259・3％の利回りです。つまり、うまく運用することができれば、今手元にある**1000万円が10年で最低2593万円**になるということです。

この数字を聞くだけでも、とても魅力的な投資商品だと思いませんか？

ちなみに、このような夢のある爆上がりコインを手にする確率を高めるためには、コインに関する知識をできるだけ深める必要があります。「えー勉強かー」と思う方もいるかもしれませんが、投資に限らずどんなジャンルでも、他人よりもよい結果を出すためには学習や練習は必須です。そこは割り切って覚悟しましょう。

無数にあるアンティークコインですが、国別にカテゴライズして学ぶのが、特徴を捉えやすくてオススメです。

次節では各国のコインの特徴について軽く解説しますね。

なお、もし知識を深めるよりはまず、アンティークコイン投資の全体像を掴みたいという場合は、この節はひとまず飛ばして読んでもらい、最後に戻ってきてもらってもよいかと思います。

第２節

各国のコインの特徴

●イギリス

イギリスは人気のあるアンティークコインが集中する国です。日本にも、イギリスコイン専門のディーラーもいるほどです。

特に、19世紀から20世紀のコインは産業革命によって強大な生産力を身につけ、他のヨーロッパ諸国をしのぐ栄華を誇ったことから人気が高く、価格も高騰しています。

当時の王族があしらわれており歴史のロマンを感じさせる点や、繊細なデザインによる芸術性の高さなどが人気の秘密です。

さらに、イギリスの通貨であるポンドは19世紀から第二次世界大戦まで世界の基軸通貨として使われていました。
コインの歴史において存在感も大きく、欲しがるコレクターが多いことは当然だと言えるでしょう。

ちなみに、コレクターから人気のあるイギリスのコインの中でも、最も誉れ高いコインの1つが、本書でも紹介した5ポンド金貨「ウナとライオン」です。

1837年にヴィクトリア女王が即位したことを記念して、1839年に発行されたコインで発行枚数がわずか400枚しかなく、希少性の高さからコレクションする価値も高く、高い値段で取引されている金貨です。

世界で最も美しいコインとも言われており、繊細なデザインが特徴的で、未使用品であれば3000万円程度で取引されることも少なくありません。

その他にも、ウナとライオンのデザインを手掛けたウィリアム・ワイオンによるクラウン銀貨「スリーグレイセス」、近代で特に人気があるジョージ6世の5ポンド金貨、現在のイギリス君主であるエリザベス2世の5ポンド金貨など、人気の高いコインが数多く存在します。

●インド

南アジアに位置し、インド亜大陸を占める連邦共和制国家のインド。その歴史は紀元前2500年頃からと古く、1858年から始まる大英帝国（イギリス）の植民地支配から、長い独立運動の末、1947年に独立を果たした国です。

インドで人気のコインの1つに、ヤングヴィクトリアの肖像と東インド会社の銘文がデザインの1ルピー銀貨があります。

ヴィクトリアの首元には、英国のウナ・ライオンと同じデザイナーのウィリアム・ワイオン（W・W）が刻印されていることが特徴のコインです。

さらに、インドのアンティークコインで最も有名なものといえば「モハール金貨」です。表面にヴィクトリア女王、裏面にはライオンとヤシの木というデザインで、インドのコインでありながらイギリスらしい1枚となっています。

1841年のみの発行ですが、7種類以上のデザインに細かく別れており、最も有名でよく見るデザインがKM#461・2のモハール金貨です。発行枚数は44万枚と多いものの、現存するコインに状態の良いものがほとんどないため、美しい状態のモハール金貨は希少価値が高く、価格も高騰する傾向にあります。

イギリスの金貨自体がどんどん高騰しているため、次なる資産としてモハール金貨に目をつける投資家も多いことが特徴です。

●フランス

アンティークコインのコレクターや投資家の間で人気が上がってきているのが、フランスのコインです。

ルイ14世やナポレオンなど、誰もが知る歴史上の人物の肖像が刻まれているので、コインから歴史のロマンを感じることができます。

特に、イギリスのコインが高騰している今、次に収集するコインとして注目を集めているのがフランスのナポレオンコインです。

ナポレオンは非常に人気がある歴史上の偉人ですので、ナポレオンが描かれたアンティークコインも人気があり、今後も価値が高まっていくと考えられます。

中でも19世紀に使われていた、彼の肖像が描かれた2フラン銀貨や5フラン銀貨は人気があり、美品は価格が上昇しています。

さらに、ナポレオン3世の100フラン金貨も人気が高く、ヨーロッパの富裕層が資産として保有しているケースは多く、資産防衛にも優れたコインです。

もちろん、ルイ14世やルイ16世など、フランスの歴史のみならず世界史にも影響した重要な王族の肖像画描かれたコインも、非常に人気があります。

フランスはイギリスと違って王族が途絶えており、収集しにくいといった声もあるのですが、フランスにはフランスの魅力があります。

歴史の中心にいたフランスだからこそ、小さなコインにも壮大な歴史のロマンが詰まっているのです。

●ドイツ

歴史に造詣が深い人であれば、ドイツといえば962年から始まった神聖ローマ帝国を思い浮かべるかもしれません。

実際、神聖ローマ帝国で使われていたアンティークコインは希少価値が高く、962年から1806年までという長い期間にわたって存続した国なので、コインの種類も豊富です。

例えば、バイエルンの都市景観を描いたマキシミリアン5ダカット金貨は人気があります。

また、ドイツの歴史で特に注目したいのは東西ドイツの分裂と統一です。1949年に東西に分裂、1989年にはベルリンの壁崩壊が起こり、1990年にドイツが統一されたので、45年ほど国家が分裂していたことになります。

この頃に流通していたコインは現在使われておらず、また歴史的に重要な出来事を反映しているため、値上がりが期待されています（アンティークコインと呼べるほど古いものではないので、東西ドイツ時代のコインはどちらかというとモダンコインの仲間です）。

この他にも、ヴィルヘルム1世の10マルク金貨などは数万円台から購入することができます。

基本的には、地金相場プラスアルファでの値動きなので、まだまだ買いやすいコインです。


さらに、後を継いだヴィルヘルム2世の20マルク金貨も、地金型コインとして人気があります。預金代わりに持っておく人もいて、希少価値が高まるにつれて値上がりも期待することができます。

ヴィルヘルム2世の20マルク金貨も数万円台で購入できるので、コインのコレクションが初めての方でも始めやすいでしょう。

●ニューギニア

1884年から1919年まで現在のパプアニューギニアの北半分はドイツの支配下にあり、ドイツ領ニューギニアと呼ばれていました。この頃のコインにも貴重なものがあり、極楽鳥が描かれた2マルク銀貨と5マルク銀貨は有名です。

極楽鳥はニューギニアやその周辺で見られる鳥で、鮮やかな色彩が特徴です。

いずれも発行年は1894年のみとなっており、発行枚数も1万から2万枚と多くはないため、非常に貴重なコインとなっています。当時のコインなら、普通はドイツを統治していた人物の肖像が描かれるものです。

しかしこれらのコインは極楽鳥が描かれている珍しさもあり、コレクターの人気が高まっています。

また、パプアニューギニアの50キナ金貨はプルーフウルトラカメオの完璧な品です。

KM#38、発行枚数は僅か1500枚の非常に希少な金貨になり、1894年の極楽鳥から100周年を記念して作られた非常に美しい金貨です。

1894年極楽鳥のコインは鳥類が描かれたコインの中で最高級の美しさを誇るとして有名です。

もしニューギニアのコインを手にする機会があれば、コレクションに加える価値があるでしょう。

●イタリア

イタリアにおけるアンティークコインの歴史はとにかく古いのが特徴で、歴史の古さゆえに数々の名品が誕生してきました。

イタリアの歴史を見てみると、古代ローマ帝国として繁栄したのがピークで、その後は帝国が分裂したり他の国の支配下に入ったりと、あまりパッとしない印象です。

そのため、アンティークコインもローマ帝国時代のものに人気が集中しており、イタリアのコインを集めるなら古代ローマのコインから始めるのが王道かと思います。

特に、ネルウァ、トラヤヌス、ハドリアヌス、アントニヌス＝ピウス、マルクス＝アウレリウス＝アントニヌスの五賢帝と呼ばれる有名な皇帝の肖像が刻まれたコインは人気です。

その他にも、ビットリオ・エマニュエル3世が作った100リレ金貨と5リレ銀貨などは今でも高い評価を受けています。

古代から続く芸術・文化発信の地であるイタリアで生まれたコインには、芸術性の高いものが多く、アンティークコインとしての価値は高い傾向にあります。

アンティークコインの収集家であれば、イタリアのアンティークコイン購入を一度は考えてみたいものです。

●アメリカ

今でこそ世界のリーダーであるアメリカ合衆国ですが、その歴史は意外と浅く、15世紀末にコロンブスが新大陸を発見したことを合衆国の始まりとする場合が多いです。

コインも18世紀以降のものが珍重されており、ヨーロッパのコインを集めている人からすると「割と最近のものをコレクションするのだな」と思われるかもしれません。

そんなアメリカの独立後の貨幣で非常に名高いのが、『フローイングヘアー』と呼ばれる1ドル銀貨です。

枚数も２０００枚弱と非常に希少で、現在最も高い価格で取引されるコインの１つになります。取引価格は数億円のレベルで、２０１３年には１７９４年の未使用品が１００１万６８６７ドルで売却されました。これは1枚のコインについた値段としては最高額です。

その他にも、アウグストゥス・ハンバートが手掛けた八角形で珍しい形の50ドル金貨、セントラルアメリカ号のリバティ20ドル金貨などは、非常に有名で人気があるコインです。

また、アメリカを代表するコインに「モルガン・ダラー」があります。発行枚数自体は多く、未使用品は高値で取引されていますが、そうでなければ手の届かない値段ではないことや、直径4センチ近いサイズや美しいデザインのため人気です。

●古代エジプト

古代エジプトは、紀元前3000年頃から紀元前30年頃までの約3000年にわたって続いた文明です。

古代エジプトで使われていたコインも現存しており、コレクターやディーラーの間で流通しています。

著名なコインとして、マケドニア王国のコインがあります。

紀元前336年から紀元前323年までのアレキサンダー大王の在位中に発行されたスターテル金貨です。

表面には知恵と戦いをつかさどる女神アテナが、裏面には勝利の女神であるニケが描かれています。

アレキサンダー大王の肖像が刻まれているわけではありませんが、数々の敵を打ち破って戦いを制したアレキサンダー大王にふさわしいデザインと言えるでしょう。


また、プトレマイオス朝を作ったプトレマイオス1世の2代あとのプトレマイオス3世は、金山を持っていたため金貨を鋳造していました。プトレマイオス3世時代のオクトドラクマ金貨は直径3センチ以上と大きなサイズです。

ここまでの大きさは古代コインだとかなり珍しく、金が豊富にあったことを偲ばせるサイズ感もあって、コレクターにも人気があります。

さらに、プトレマイオス1世の娘であるアルシノエ2世が描かれたオクタドラクマ金貨も人気です。

●古代ギリシャ

古代ギリシャはオリンピックの起源を作り、優れた美術品を残してヨーロッパやアジアに影響を与えたため、現代の私たちにとっても実は身近な存在です。

そんな古代ギリシャで使われたコインには、有名で人気の高いコインもあります。

代表的なものとして、まず最も有名なのがフクロウが描かれたテトラドラクマ銀貨でしょう。

フクロウ銀貨は発行年によってデザインが違い、希少価値も異なるので、例えば紀元前455年から紀元前440年のコインは希少価値が高くて人気があります。

古代のコインらしく素朴な印象のコインで、基本的には、円形に近くて綺麗な見た目のものの方が高い価格がつきやすいとされています。

もう一つ、古代ギリシャのコインで有名なのがシラクサのデカドラクマ銀貨です。

この銀貨は紀元前408年に開催されたオリンピックの記念に発行されたと推定されています。

現在の取引価格は数百万円から1000万円を上回ることもあり、非常に高く評価されている古代コインの一つです。

古代コインは人気が高まってきているので、これからコイン投資をする方にもおすすめです。

第３節

アンティークコイン投資のメリット

自分に合った投資を見つけるために

私は元々金融マンですので、現在もＦＸ、株式、暗号通貨、不動産、事業投資、切手やワインやウイスキーなどの他のアンティーク品など、様々な投資や投機をしています。

はじめに、ＦＸや不動産のような投資に疲れたという話をしましたが、それは「それぞれをメインでやっていた時期」の話です。アンティークコイン投資に出会い、投資というものを根本から学び直した結果、心の平穏を保ちながら資産を増やすことができるようになりましたし、その結果、フラットな気持ちでその他の投資にも挑戦することができるようになりました。

アルゴリズム解析のゲーム感覚でFXの売買プログラムの開発を試みてみたり…。

将来価値の上がりそうな物件があったら、不動産投資的な側面で購入しつつ、そこで事業投資をやってみたり…。

お酒も好きなので稀少なワインやウィスキーを購入して、飲んでもいいし売ってもいいしというスタンスで保有したり…（我慢できずにほとんど飲んでしまうのが悩みなのですが笑）。

というように、リスクをうまくヘッジしつつ、楽しみながら投資に向き合っています。

さらに自分がいけると判断した範囲で、投機にも取り組んでいます。

分かりやすいのが暗号資産ですね。たとえば30万円がゼロになるリスクがあっても、１００倍の３０００万円になる可能性も見えたら、思い切って飛び込んでみることもあります。

この辺は、パチンコや宝くじと同じように「ギャンブルだけど夢もある」という感じでしょうか。

投資が良いもの、投機は悪いもの、資産運用が素晴らしいもの、というスタンスでは無く、それぞれ特徴があるだけのものなので、よく理解した上で自分に合ったものに取り組めばいいと思っています。

ちなみに、アンティークコイン投資に関しては、次のように考えています。

・初心者はぜひこれからやった方がいい

・他の投資をメインにするとしても、コインもポートフォリオに入れた方がいい

しかし、アンティークコイン投資が１００人中１００人に向いているとも思っていません。

資産状況・情報・知識やスキル・コネクション・価値観など、あらゆる面で人それぞれまったく違うからです。

どれだけコインの美しさを語っても何も感じず、ブロックチェーンの最新技術に惹かれ暗号通貨だけに投資する人もいますし、投機としてもっと短期間でリスクを取って多大な利益を得たいと思う人もいるということです。

良い悪いではなく、そういうものなんです。

ですから、本書を通して私がやりたいことは、あなたが「自分にアンティークコインが向いているかどうか」を正確に判断できるように、確かな情報を分かりやすくお伝えすることなのです。

世界の資産家は、なぜアンティークコインに投資するのか？

本書の冒頭で、私は「投資や資産運用、つまりお金に関することは、お金持ちに学ぶのが一番だ」と思っている…と話しました。

本書が並んでいる書店のビジネス書コーナーを見渡せば、やれ「株が最強だ」「ＦＸで億万長者」「手堅い不動産投資」などの本がたくさん並んでいるわけですが、私も含め日本の小金持ちよりも、数百年にわたって栄華を極めてきた人たちの方が、お金に関しては圧倒的にプロなのです。

もちろん、扱える金額やコネクションも違うので一概には言えない部分はありますが、そういった人たちがアンティークコイン投資に積極的であるという事実は決して無視できない情報でしょう。

では、なぜこんなにも、日本ではマイナーなのでしょうか？

現在、300万人以上いると言われているコインコレクターの約半数は、アメリカやユダヤ系の資産家や投資家だと言われています。

アンティークコインは、時代の変化の中で、単なる美術品としてだけでなく、「富を守る確かな術」として脈々と受け継がれ、世界を席巻する富裕層たちから最も信頼され、愛され続けているのです。

その人気は富裕層に限らず、欧米や欧州ではアンティークコインの収集や投資は、老若男女を問わず文化として広く親しまれています。

アメリカではコンビニよりも、コインショップの方が多いですし、イギリスにある大英博物館の向かいには3軒のアンティークコインショップが軒を連ねているほど身近な存在です。

銀行の中には資産家の顧客に対して優良な古貨幣を斡旋する古貨幣

部門が存在する銀行もあるほどです。日本では考えられませんよね。

このような習慣の違いは、歴史的な背景に影響を受けています。古くから戦乱や外敵の侵略にさらされ続けていたヨーロッパでは、いざという時に持って逃げることができる資産ということで根付いてきました。

クラシックカーや豪華な邸宅、貴重なワインなどは、とてもじゃないですが、持って逃げるようなことはできません。アンティークコインは「ポケットに入る現物資産」なのです。

１０００万円だろうが、10億円だろうが、ポケットに忍ばせることができるというのは、紛れもなくアンティークコインだけの大きな強みです。

また、古くから貨幣が流通してきたことから、歴史的な価値も加わり、発行枚数も決められているものがほとんどで、価値の下がらない資産として高く信頼されてきました。
その一方で、日本では、長い間外敵の侵略を受けることがなかったため、土地を一番の資産と考えられていました。そのため貨幣が一般的に使われるようになったのは江戸時代以降と、世界と比べると比較的最近になってからです。

その後、東京五輪や天皇陛下御在位などの記念コインが発行されたことで、何度もブームはありましたが、それらのブームはほどなくして下火になりました。それはやはり、コインに価値を感じる習慣がないこと、それらのコインを欲しがる人がいないことで、価値が高く保たれないことによります。

ここで何が言いたいかというと、たとえあなたが「アンティークコインは欲しがる人が多くて値段が上がっていく」ということがイメージできなかったとしても、事実として海外の人を中心に「それに高い価値を感じる人が確かに存在する」ということです。

あなたがワインを飲まないとしても、世界的にワインの値段がどんどん上がっているということは耳にしたことがあるかもしれません。

ワイン投資は銘柄選び、保管の問題で難しい点も多いですが、それだけ値段が上がっているのなら、今知識が無くても勉強して投資に挑戦する価値があるのと一緒ですね。

世界の富裕層が投資をしており、アンティークコインは資産家の間で注目度が高まっています。日本ではあまり知られていない投資方法ですが、欧米では非常にメジャーな投資方法です。

なぜ資産家たちがアンティークコインに投資をするのか、メリットについてこれから解説していきます。

他の投資方法と異なる、アンティークコイン特有の優れた特徴をご覧ください。

【メリット1】圧倒的な資産保全性と匿名性

これまで話してきた内容でもあるのですが、一番のメリットなので再度おさらいします。

アンティークコインは発行枚数が決まっているので現存数は限られています。「ある年代に造られたけれど、現在は製造されていないコイン」に関しては、タイムマシーンでもない限り、枚数が増えることは基本的にあり得ないのです。

一方で、絶対にコインを手放さないコレクターの存在や、焼失や劣化によって数が減っていく可能性はあります。

つまり、時間が経てば経つほど希少性を増していくのがアンティークコインの特徴なのです。

すでにお話ししてきたように、世界的にコインの需要が増えて欲しい人が増えているのに、コインが増えることはありません。

この需要と供給のバランスが崩れ続けているからこそ、毎年価格が上昇しているのです。


しかも、コインを集めている富裕層の手に渡ると市場へは出回りにくくなります。年々増え続けている世界中のコレクターがコインを保有することで、需要と供給のバランスは崩れ、アンティークコインの希少性は高まる一方です。


さらに、価格が上がる条件を満たしているだけではなく「値下がりしにくい」という特徴も併せ持っていることを見落としてはいけません。

これは、歴史が証明してくれています。

世界大恐慌やリーマンショックのように相場が大きく下がったとき

でも、アンティークコインは値下がりを見せませんでした。「本当かなぁ」と思うようであれば、根拠は好きなだけ自分で調べることができるはずです。

また、コイン市場はリーマンショックに限らず、一度も大暴落を経験したことがありません。あの金ですら軽い暴落を経験したことがあるのに…です。

アンティークコインの強みと言ってもいいのが、この資産としての安定性です。もちろん、FXや仮想通貨のように、高いリスクを取ることで、短期間で億万長者になれる可能性も否定はできませんが、少額の資産での投資や副業での投資の場合は、リスクは低ければ低い方がいいです。

「この100万円がゼロになってもいい！　可能性が1割以下でもいいからすぐに億万長者になりたいんだ！」という場合を除いて、抑

えられるリスクは抑え、堅実に資産運用していきましょう。

また、これは人によると思いますが、アンティークコイン投資のメリットとして、高い匿名性も挙げられます。

株式投資のように口座開設の必要もありませんし、金投資のように購入際に身分証を提出し登録したり、不動産のような登記をする必要もありません。

- **口座開設不要**
- **身分証不要**
- **登記不要**

従って、どのコインを誰が保有しているか把握することが事実上不可能ということになり、所有者のプライバシーを保つことができますし、投資を始めるにあたり面倒な作業が発生しないのです。

【メリット2】現物資産の中で飛び抜けて保有しやすい

数が増えないもの（かつたくさんの人が欲しがるもの）は価値が上がりやすいと言いましたが、それに当てはまるものは「現物資産」しかありません。

これは、第3章で詳しく解説しますが、現物資産というのはアンティークコインだけではなく、絵画・ワイン・クラシックカー・金などいくつか種類があります。私は、絵画やワインなども十分投資価値があると思っていますが、デメリットというか「クリアしなければならない問題」がたくさんあるのです。

アンティークコインはコスト面と管理面の2つの観点から見て、保有しやすい現物資産です。

まず、アンティークコインは古銭（実際に使われていた昔の古い通貨)であるため、不動産投資などとは違い、固定資産税などの税金が発生しません。

クラシックカーや金、絵画などに発生する、税金やメンテナンス費用が、現物資産ゆえの故障、破損、劣化のリスクもありません(スラブという専用のケースに入れることで破損リスクはほぼ無くすことができます)。

アンティークコインは「ポケットに入る財産」と言われており、持ち運びが簡単で、極端な話1億円を運ぶとしても、たった1枚のコインで持ち運ぶことが可能な商品です。

例えば金や車、絵画を資産として保有していても、天災などの被害があった場合、簡単に持ち運ぶことができません。もちろん保険というものは存在しますが、それは管理のためのコストですよね。

価値の下がりにくい現物資産の中で、圧倒的に保有しやすいのがコインなのです。

第4節

アンティークコイン投資のデメリット

リスクに関する考え方を整理しよう

次に、アンティークコイン投資のデメリットについて解説していきます。

ここまで紹介してきたように、圧倒的なメリットをもつ投資商品であるアンティークコイン投資にも、やはりデメリットや、投資をするにあたり気をつけなければいけない点があります。

主なデメリットは以下の3つです。

１　紛失・盗難リスク
２　偽物を掴んでしまうリスク
３　為替リスク

海外との取引が多いために為替リスクがあることや、現物資産であるがゆえに紛失や盗難、偽物に騙されてしまうといったリスクが懸念されます。

どのようなデメリットなのか詳しく解説するとともに、リスクへの対処方法を解説していきましょう。

デメリットというのも、リスクと同じように「ひとつの特徴」でしかないので、しっかり対処すればほとんど無視することができます。

【リスク１】紛失、盗難リスク

アンティークコインのメリットでもある「匿名性」ですが、保有のしやすさは「紛失や盗難のリスク」という側面をもっています。
登記がないので、紛失した場合に探すことが難しく、盗難にあった際は取り戻すことが困難です。

同じ現物資産で言うと、絵画や骨董品に比べて遥かに持ち運びがしやすいので、空き巣からしてみると拝借しやすいものだと言えるでしょう(空き巣に、アンティークコインの価値が分かれば、ですが)。
もちろんこのリスクは、年間数万円の利用料を払って銀行の貸金庫で保管するなど、セキュリティを高めることで回避することができるわけですが、美術品のようにリビングに飾って毎日眺めていたい、というような場合には注意が必要です。

私も、アンティークコインのことは、投資価値のある商品としてだけではなく、美術品として愛でるのも好きなので、何枚かは自宅の書斎に飾っていますが、ものすごく高額なコインなどはセキュリティの高いところで保管しています。

アンティークコイン仲間と、保有しているコインの自慢をし合うのも楽しいのですが、プライバシーのことを考えると、自身が保有しているコインについては公言しないというのも、リスク管理のひとつだと思います。

【リスク２】偽物を掴んでしまうリスク

とても残念なことなのですが、これだけアンティークコインに価値があるとなると、やはり「偽物」を作って一儲けしようという輩が出てきます。

数で言うと、かなり多くの偽物が市場に出回っています。私自身、アンティークコイン投資を始めたばかりの頃に、偽物を掴まされて悔しい思いをしたことがあります。

特に、ネットオークションなど現物を見ることができない場所で購入をする際には注意が必要です。偽物を購入してしまっても、そのお金を取り戻すことは困難だと思った方がいいでしょう。

また、現物を見て買うことができるコインショップでも、スラブという入れ物に入っていないコインに関しては100%本物である保証はありません。

値段だけに飛びついて購入してしまうと危険です。

これらを踏まえて、偽物のコインを購入しないためのポイントとしては、下記の3つです。守らなければリスクが高まる順に紹介します。

・誰でも簡単かつ匿名で利用可能なネットオークションでの取引を避けること

（現物が確認できない為、偽物の流通が多いのです）

・正規のコインショップやショールームでの購入をすること（実際にコインを手に取り、見て、購入することができます）

・スラブケースに入った鑑定済みのコインを購入すること（NGCやPCGSなどの大手鑑定機関で鑑定されたコインを購入しましょう）

偽物リスクを完全に避けるには、スラブケースに入った鑑定済のコインを扱っている業者やディーラーのショールームで購入するしかありません。

ちなみに、正規のショップを見分けるには、次のようなポイントを確認するとよいでしょう。

・第三者のコイン鑑定機関である「PCGS」と「NGC」から認定

を受けているか

・日本貨幣商協同組合に加盟しているか

・古物商の免許を取得しているか

身元が分からない人や店舗での購入は絶対に避けましょう。

また、脅かすわけではありませんが、最近ではスラブケース自体が偽物の場合も発生していますので、スラブナンバーから実際のコイン写真との照合などもした方が確実です。

また、後ほど「買い方・売り方」の章でもご説明しますが、信頼できるディーラーを見つけるのが、偽物リスクを回避するもっとも良い方法かと思います。

【リスク3】為替リスク

ご存じの方も多いでしょうが、為替リスクとは、為替レートの変動によって損失が生じるかもしれないリスクのことです。

アンティークコインのように、日本や海外で売買する商品の場合は、売り買いのタイミングの為替レートにより損益が発生することがあります。

例えば、1ドル＝110円のときにあるコインを1万ドルで購入したら、日本円では110万円の支払いとなります。このコインが数年後に1万2000ドルに値上がりしたら、2000ドルの利益が出ることになります。

しかしこの時、円高が進み1ドル＝90円に下がっていた場合、1万2000万ドルを日本円にすると108万円です。購入価格が

110万円、売却価格が108万円なので、2万円の損失となってしまいます。

現状、日本でのアンティークコイン市場は規模が小さく、海外での売買も視野に入りますが、そうすると為替リスクが発生します。

ただ、すでにお話ししてきたように、リスクというのは危険性ではなく「不確実性」の話です。アンティークコインは世界的に市場があるので、その時の有利な通貨で売買をすれば、メリットにもなり得るのです。

アメリカで売買すればUSD(米ドル)での取引、ヨーロッパで売買すればEUR(ユーロ)やGBP(ポンド)などでの取引が可能となります。為替リスクも世界市場を味方にすれば、コインそのものの値上がりだけではなく、為替差益も得ることが可能なのです。

大量発掘されると価格が暴落する？

これはリスクとしては番外編なのですが、過去に「とあるコインが大量発掘されたことにより価格が下がる」という事件が起きました。

アンティークコインの数は増えないと言いましたが、それは「地球上に存在する数」のことであって、存在が知られていなかったものが見つかるということは起きるわけです。

沈没船の宝箱から見つかった、などはロマンもあってイメージしやすそうですね。

実際には、アテネで鉄道工事があり、その工事の際にデカドラクマというコインが大量発掘されました。当時、デカドラクマコインの価格は約１０００万円程度と言われていましたが、この大量発掘により、コインの価格は大暴落。なんと150万円程度まで価格が下がりました。

需要と供給を考えると自然な値動きと言えるでしょう。

しかし、デカドラクマコインは大変人気も高く、需要があったため、その2年後にはなんと、約3500万で取引されています。10年スパンで見ると軽く値上がりしていますね。

「もしもまた、コインが大量発掘されたら、価値が下がってしまうのではないか？　デカドラクマのように人気があるものじゃなかったら、そのまま戻らないのでは？」

と感じる方もいるかもしれませんが、その可能性は限りなく低いでしょう。

なぜかと言うと、投資対象として取引されているアンティークコインは、状態が良くなければ価値が付かないからです。

後ほどお話ししますが、この状態（グレード）によって大きく価値が変わるので、グレードの高いコインを選んで保有しておけば、大量発掘による値下がりリスクはほぼありません。

紀元前に発行された古代のコインが、非常に良い状態のまま発掘されることは、ものすごく稀だからです。

以上のように、為替リスクや紛失・盗難リスク、偽物リスクがあることがアンティークコイン投資のデメリットと言えます。

為替リスクは自力ではコントロールできませんが、これは他の投資方法にもついて回るデメリットであり、アンティークコイン特有の問題ではありません。また、紛失や盗難は貸金庫などで保管することで防げますし偽物リスクは身元が分かる人や店舗から鑑定済みのコインを購入することで防ぐことができます。

あらゆる投資にリスクはついて回りますが、その他の投資商品に比べてアンティークコインはリスクを自分でコントロールすることができるのです。

…と、ここまでの第1章と第2章でアンティークコインの投資商品としての性質や特徴、取り巻く環境についてお話してきましたが、これらは時代の変化に伴い状況が変わってくることも考えられます。

本書の読者限定で、アンティークコイン投資に関する最新の情報を無料で公開するサイトを用意していますので、次ページを参照の上、ぜひアクセスしてみてください。

アンティークコイン投資の鬼

はやまん
コイン投資ラボ

本書読者限定！

アンティークコイン投資で
「勝つため」の最新情報を
無料で公開中！

登録は次ページで

無料プレゼント中のコンテンツ

・アンティークコインの世界を深く
　学べる教材（コラム）
・アンティークコイン投資を取り巻く
　最新情報（動画）
・有料コミュニティメンバー限定
　オンラインセミナーに特別に無料招待！
・その他、有益な情報を随時追加予定

登録はこちらから

① QR コードを読み取ります
② ページ内のフォームに必要事項を入力して送信します
③ 登録したメールアドレスに案内が届きます

第3章

さまざまな投資商品と
アンティークコイン
投資の比較

第1節

賢者の投資に必要な2つのルール

「本当の投資」に必要な特徴とは

第1章でお話ししたことを繰り返しますが、これは投資を行う上で最も重要なことなので復習してください。

自分自身や、大切な家族を守るために投資をするなら、投資というよりはむしろ「資産運用」という感覚を持つことが一番重要です。

「100万円が1年で1億円になるチャンス！　でも、90％の確率でゼロになります」というようなギャンブルではなく、リスクを徹底的におさえながら、できるだけ高いリターンを狙える方法を選びましょう。

では、確実に値上がりが期待できるものというのはどういうものなのか。

それは、次の２つの特徴を「どちらも」もっているものです。

【ルール１】数が限定されていて、その数が減っていくもの

【ルール２】その商品自体に愛好家（コレクター）が存在するもの

ルール１を満たすためには現物でなければいけません。要するに、株・ＦＸ・仮想通貨など、実際に「モノ」が存在しない投資商品ではなく、不動産やワイン、金（ＧＯＬＤ）のように実際に存在するもののことです。

現物ではないものは、どうしても勝ち負けのある投資になってしまいます。誰かが１万円儲かるのは誰かが１万円損しているから、といった具合にです。

その上で、不動産などは将来的な開発の数によっては供給の方が大きくなってしまい、価値が思ったように上がらない可能性もありますよね。

ルール2の愛好家が必要というのは、そのことによって価値が保たれるからです。どれだけ数が減ろうが、それを欲しがる人がいなければ値段は下がります。

腐ったり、劣化したり、古くなることで価値が落ちるモノもダメですね。

【欲しがる人は減らないのに数が減っていくもの】

この商品を売買することが、本当の「投資」なのです。

本章では、その部分に注目して、投資と呼ばれている各金融商品と、アンティークコイン投資を比較しながら見ていきましょう。

第２節

株式投資とアンティークコイン投資

投資といえば一般的には株式投資

「投資」という言葉を聞いて、もっとも多くの人が思い浮かべるのが株式投資ではないでしょうか？

一応投資初心者のために説明しておくと、株式とは、企業が資金調達のために発行する証券です。株式を購入した人は企業の株主となり、配当金や株主優待を獲得したり、株価の上昇による利益を得たりすることができます（株主優待とは、株主に自社製品や割引券などを提供するサービスのことです）。

アンティークコインは売却しなければ利益が確定しませんが、株式の場合は、保有しているだけでも配当金や株主優待という利益を得ることができるのです。

株価が上がった時に売却して利益を得る部分は、後述する不動産の「キャピタルゲイン（売却益）」保有しておくだけで得られる配当金や優待のメリットは、同じく「インカムゲイン（家賃収入）」のようなものですね。

たとえば吉野家グループでよく食事をする人などは、配当と優待と合わせて年間4％の利益を受けとることができる年もあります。長期保有ができるのであれば、25年間保有すれば配当だけで元が取れますね。このあたりはアンティークコインなどの現物投資にはないメリットでしょう。

株価の上昇による利益は、アンティークコインによる利益と似ているところがあります。企業の業績が上がり、株を買いたいと思う人が増えれば株価が上がり、買った時よりも価格が上がった時に売却すれば、どちらも利益が生まれます。

異なる点はなんと言っても「値下がりリスクの大きさ」でしょう。リーマンショックやコロナショックのような金融危機が起きると、株式の価格は真っ先に下がってしまいます。リーマンショックの頃は、本格的に株式投資に参入した直後に、資産が半減してしまったという人もたくさん見かけました。

その点、アンティークコインは金融危機に強く、滅多に大きな値下がりを見せない特色があります。

株式と同じで、全ての銘柄(コイン)が同じ値動きをするわけではありませんが、全体としてみた時に「価値を下げにくい」のは、間違いなくアンティークコインの方だと思います。

第3節

FXとアンティークコイン投資

FXはハイリスク・ハイリターン

FXは為替レートの変動を利用し、異なる通貨の交換で稼ぐ方法です。

例えばドル円の場合、1ドル＝100円のときに1万ドルを購入すれば100万円の費用となりますが、為替レートが変動して1ドル110円になってから売却すれば110万円が得られます。差額の10万円を利益とすることができます。

今後成長が見込めそうな国の通貨を保有しておき、長期保有で為替差益を得る方法はともかく、１日単位、数時間単位のトレードで利益を狙う方法は、はっきり言いますがギャンブル以外の何物でもありません。

もちろん「ダメ」と言っているわけではなく、そういうものだということです。

競馬・パチンコ・宝くじと同じようなものだと思ってもらえればよいかと思います。

よく、チャートの解説などをしている人がいますが、そこにはアンティークコインにおける「欲しい人が2倍に増えたから値段が上がった」というような、誰が聞いても納得できるような明確な根拠はありません。

ゲームのような感覚で取り組むようなジャンルです。

ＦＸの一番の特徴は、やはりレバレッジの存在でしょう。

日本では25倍までレバレッジをかけることができるので、たとえば２００万円の資金があれば５０００万円分の取引を行うことができます。

レバレッジをかけることで少ない資金でも大きな利益を狙うことができるので、短期間の投資で億万長者になった人は高いレバレッジで上手にＦＸを運用した人が多いです。

ただし、当然損失にもレバレッジが効くので、一歩間違うとものすごく大きな損失が出てしまいます。

うまくいっている時も、常に大負けのリスクにさらされているので、私は心が保ちませんでした。


人生全体で言うとＦＸでもプラス収支にはなっていますが、現在はアルゴリズムを解析して自動売買のツールを開発し、勝っても負けてもいいやというゲーム感覚で取り組んでいます。

投資は自己責任なのでＦＸをやりたいのであれば止めませんが、カジノで赤か黒に全額賭けるような投資なので、正直オススメはしません。

やるなら余剰資金でやるか、一発逆転を狙ったギャンブルだと割り切ってやりましょう。

第4節

不動産投資とアンティークコイン投資

投機的な一面もある不動産投資

不動産投資とは、マンションやアパートなどの不動産を購入して始める投資方法です。部屋を他人に貸し出して家賃収入を得られる他、購入した不動産が値上がりしたら、売却して差額の利益を得ることもできます。

定期的に入る家賃収入をインカムゲイン、売却して得られる利益をキャピタルゲインと呼びます。

不動産投資のメリットは、なんと言ってもローンによるレバレッジ効果でしょう。少額でも大きな利益を狙えることです。

一般的に、マンションなどの物件は数千万円の価格で購入しますが、数百万円程度を頭金として、残りをローンでまかなうことができます。

購入後に少しずつローンを返済していく必要はありますが、毎月の家賃収入から返済することができます。

返済が終わり、頭金も回収できたら、そこからはずっと利益ということになりますね。

あるいは、家賃収入を得つつローンを返済しながら、地価の上昇などで部屋の価値が上がったら、売却して大きな利益を得る、というようなことも可能です。

デメリットとしては、購入した不動産が空室になってしまい、家賃収入が得られないリスクがあることが挙げられます。

不動産投資は基本的には入居者からの家賃を収益としますが、ここが上手くいかず、貯金や給料からローンの返済しなければならないこともあります。

不動産は、株やＦＸとは違って、現物投資だと言っていいでしょう。

しかし、私は投機的な側面が強いと思っています。

なぜかというと「数が増えていくから」です。

つまり、賢者の投資の【ルール１】を満たしていないのです。

またしても漫画からの引用になりますが、インベスターＺという投資の漫画の中で、不動産の営業マンがこのようなことを言います。

「株や為替は価格の変動が激しいですよね。そしてダイヤとか貴金属、絵画や骨董品なんかは品物が少ないので、限られた人の中でしか流通しない。そこへいくとタワーマンションは世界中で次々と建設される商品数は潤沢。各国で急速に増加する富裕層が先を争って購入するから取引も活発で価値は上がる一方です」

（出典：インベスターＺ―講談社コミックス14巻より）

もちろん、この営業マンの言い分も１００％間違いではないと思います。

しかし、この先タワーマンションが全国に何十棟、何百棟と建設されたらどうでしょうか？

今は十分に数がないので値上がりが期待できるということは言えますが、今後数が増える可能性がある以上、値段が下がる危険性も大いにあるのです。

さらには近年のコロナウィルスの流行などでで地方に引っ越す人が増えたり、地震などの天災を恐れて東京や大阪などの都市を離れる人が増えたりするようなことが起これば…。

土地の価値は減少しますよね。

というか、地価の暴落というのは、バブルがはじけた時に一度経験しているのです。

これは私の個人的な感覚ですが、不動産投資というのは、投資・投機というよりは「ビジネス」のようなものだと思います。

人気の高い場所、付加価値のある物件を見つけて、購入し、人に貸して利益を得る。

入居率を高めるための工夫をする余地もありますし、アパート一棟買いをして管理コストを抑えることもできますし、いろんなリスクに備える打ち手も打てる。

これって、売れそうな商品を開発して、流通に乗せて売るとか、流行りそうなお店を出してメディア展開を狙うといった「ビジネス」と共通点が多いと感じませんか？

ビジネスとして真剣に取り組むのなら、不動産投資は悪くないと思います。

投機的とは言いましたが、現物投資なので「勝ち負けのある投資」ではありませんし、うまくいけばリターンもそこそこ確保できますからね。

第5節

絵画・骨董品投資とアンティークコイン投資

現実的な投資が難しい絵画と骨董品

現物投資の中でコレクターがいるものと聞いて一番に浮かぶのが、この「絵画・骨董品」ではないかと思います。

特にゴッホやモネのように既に亡くなった画家の作品は、同じ画家による作品が無尽蔵に増えることはないため希少価値が増し、オークションに出品される度に高値を更新して買われていきます。

たとえば、生前は評価されなかったゴッホの作品が、現代になって高額で取引されています。有名なのが「ひまわり」という作品ですが、１９８７年に58億円という金額で落札されました。

ここまで高額ではなくても、作者が評価されることで値段が上がることは多いですよね。

しかし、そのような有名な画家の作品は、総じて金額が高い傾向にあります。

数億円の壺、数十億円の絵画、など桁が違うものをよく見ますよね。

そうなると、現在活躍している現代アーティストや、これから活躍が期待される若手アーティストの絵画を購入し、値上がりを待つかたちが現実的になります。

要するに、現実的な絵画投資は現物投資であり、コレクターもいますが、アンティーク商品ではないのです。アーティストが将来的に活躍できるかを見極めなければならず、非常に難しい投資方法と言えます。

また、アーティスト自身が投資目的で購入されることを嫌う場合もあります。

アーティストの立場に立ってみると、自分が作った作品を転売目的で購入されることになるので、嫌な気持ちになってしまうことも理解できます。


実際、絵画のコレクターは「生涯かけてそのアーティストの作品の価値向上に貢献する」といった目的の方が多く、「値上がりしたら売ります」という人は少ないのです。

アーティストやコレクターからの評判が悪くなると、売ってもらえなくなる可能性もあるので要注意です。


絵画は確かに利益を生んでくれるものですが、物の売買よりは人と人とのつながりが重視されるタイプの資産でもあります。

基本的には、絵画が好きで集めたい人に向いている資産と言えるでしょう。

また、この投資を行うには「目利き」も必要になってきます。高額な商品である故に、贋作(偽物のことです)が存在し、そういったモノを掴んでしまうと、値下がりどころかまるまる損をしてしまいます。

さらに、保存にも気を遣わなければいけません。温度や湿度などで商品の品質が下がってしまうことがありますし、割れたり破れたり破損のリスクも考えなければいけません。

もちろん、これに備えた保険もありますが、保険料がかかってしまいますよね。

社長室、院長室に絵画を飾る、など並行した目的があればいいのですが、投資目的で購入して実家の蔵に保存しておく…というような投資は現実的ではないと思います。

趣味も兼ねているとか、投資できる資金が唸るようにあるというなら別ですが、次のようなリスクがあります。

- **まとまったお金がないと利ざやを取りにくい**
- **偽物リスク**
- **保存リスク**

ですので、多くの方にとっては選択肢に入らないでしょう。

第６節

クラシックカー投資とアンティークコイン投資

メンテナンスなどのコストが必要

これはあまり馴染みがないかもしれませんが、実はクラシックカーというのは投資業界ではメジャーな投資商品です。

趣味で集めている方もいますが、欧米ではクラシックカーは投資対象としては比較的メジャーです。ナイト・フランク社が発表した２０２１年のＷｅａｌｔｈ Ｒｅｐｏｒｔでは、クラシックカーは10年で１９３％も値上がりしており、勢いがうかがえます。

実際に日本でも、バブル相場の勢いはなくなっていますが、歴史上クラシックカー相場は着実に価格上昇しており、株式投資よりも成長率が高い資産となっています。

フェラーリ、ベンツ、ポルシェなどの海外自動車メーカーの商品に加え、TOYOTAのクラシックカーなども人気ですね。

事例としては、こんなものがあります。

・フェラーリ社のDino246が10年間で4倍の値上がり

・2000万円程度で売買されていたTOYOTAの2000GTが欧米のオークションで1億円以上の価格で落札されたことをきっかけに6000万円程度の価格相場に押し上げられた

車が大好きで特に古い車がたまらない！　という方にとっては趣味として楽しみながら資産形成もできる魅力的な商品になるのではないでしょうか。実際に乗って楽しむこともできますしね。

しかし稀少な車なので車体金額が高いものが多く、まとまった金額がないと手が出せないという問題があります。

あとは、メンテナンスですね。古い分どうしても故障なども多く、その都度費用がかかってしまいます。さらには、まだまだ日本では流通網が確立されていないのですぐに現金化できないという問題もあります。盗難を防止しつつ大きな自動車を収容するスペースを見つける必要もあり、自動車税の問題もあります。一般的に旧車ほど税額は高額となるのです。

「賢者の投資」には十分当てはまる投資商品ですが、手間やコストを考えると、こちらも絵画や骨董品のように、誰もが気軽に手を出せる投資商品ではないでしょう。

情報も非常に少ないことから富裕層の車マニアの趣味というのが現状だと思います。

第7節

ワイン投資とアンティークコイン投資

市場と保存の課題があるワイン投資

ワインも投資価値のある現物資産で、欧米では投資対象としてメジャーです。

同じ銘柄でも生産された年によって価値が異なり、同じワインは二度と生産されません。さらにワインは人が飲むことによって消費されていくので、開封されていないワインは年月が経つほどに少なくなり、希少価値が高まって値上がりしていくのです。

ワイン投資のメリットは、この希少価値が高まりやすい性質でしょう。ナイト・フランク社が発表した2021年のWealth Reportでは、10年で127％もの値上がりを見せています。

ワインは、私も大好きでよく飲むのですが……ここ数年で価格が一気に跳ね上がって困っています。

多くの方がワインの価値を知り、需要が高まることで値段が上がっているのです。以前は5000円で飲めたワインが、今は1万円以上出さないと飲めないくらいです。

この点は投資商品としてはとても魅力的です。

たとえば、フランスのロスチャイルド家の男爵が、カリフォルニアで作っている「オーパスワン」という大人気ワインをご存じでしょうか。5年前は2万円程度で購入できたのに、現在は定価が約4万5000円となっています。つまり、5年前に1000本買っていれば、2000万円が4500万円になったということですから、ものすごい数字です。

こういった有名な作り手の作品だけではなく、素晴らしい作り手のワインはこれからも評価され続けるでしょうから、長期的には値上がりが見込めます。

絵画や骨董品、クラシックカーなどのように単価が高額ではないので、少額の資金でも取り組めるという特徴もあるでしょう。

たとえば、今100万円でオーパスワンを20本買っておけば、5年後10年後は高い確率で値上がりしていると思います。

しかし、このワイン投資にもデメリットがあります。

日本ではまだ転売するための市場が未発達なので、自分で販売先を見つけないといけないのです(欧米では、株式のような市場がありま す)。

1999年にヤフオクでサービスが開始されて以来、楽天市場などでも取引がされていますが、自身で1本1本梱包・発送をしなければならず「ワイン愛好家の交換場所」というのが現状です。

5年後、狙い通りにオーパスワンの価格が6万円になっていたとしても…。

あなたの周りにそれを買ってくれる人がいなければ売却することはできないし、1本1本売らないといけないので、とても手間だということです。

あとは、保存の問題がありますね。

1本の単価が安いのは魅力でもありますが、一方で50万円や100万円という金額を投資したければ、50本から100本といった数を保管しなければいけません。

ワインというのはデリケートな商品で、保存状態で品質が落ちてしまうので、セラーやカーブなどで保存しなければならず、場所を取ってしまうという問題があります。これには当然、費用がかかります。

ワイン好きな人が、自分で飲むのも考えながら大量に買っておいて、値段が跳ね上がったものは売る、というかたちは考えられますが…

純粋な投資商品として買うというのは現実的ではないと感じます。

第８節

金（ＧＯＬＤ）投資とアンティークコイン投資

コインと比べると金は保管が難しい

金（ＧＯＬＤ）投資は、その他の投資に比べて非常にリスクが低く、ここまで上げてきた投資の中ではダントツに安定した投資と言えるでしょう。もしかしたらあなたも、毎月「金の積み立て」をしているかもしれません。

２０２０年４月13日には40年ぶりの高値更新、１グラム６５００円を超えました。そして、２０２２年５月現在１ｇ８０００円以上の価格で取引されています。

私の例で言うと、10年以上前、３０００円台の頃から積み立てをしており、現在保有している分の半分を売却して利益確定しても、これまでに投資してきた分は全額回収できます。

金は安全資産とされており、だからこそ「積み立て」という概念が成立するのです。

社会や経済のシステムが崩壊したら株式や現金、預金などの金融資産は価値が無くなってしまうかもしれませんが、金はそうではないと考えられるからです。

そのため、戦争やテロなど国際的なリスクが高まったときや、リーマンショックやコロナショックなど金融危機が起きたときなど、有事の際に値上がりする資産です。

金は地球に存在する量が限られており、希少価値が著しく下がることは考えにくく、他にも、プラチナや銀といった貴金属も同じ傾向があります。

実はアンティークコインも金や銀を素材とするものが多いため、金と同じように有事の際に特に値上がりする傾向があります。「地金型金貨」という言葉があるとおり、含まれる金の量に応じ、そのときの金の価格で評価されるコインもあります(さらに、これから値上がりが期待できる金を保有し続けることができるのです)。

ただしデメリットとしては、保管の難しさが挙げられます。たとえば、1000万円分の金は約1・5kg、資産保全として3000万円分の金を保有すると実に4・5kgもの重量になってしまいます。

地震・火事などの有事の際に、サッと持ち運ぶのは不可能ですよね。もちろん、専用の金庫で預かってくれる会社もありますが、当然預ける量によって保管料がかかってしまいます。

保管のしやすさではアンティークコインの方に軍配が上がります。

500円玉と同じくらいのサイズでも数千万円といった資産価値のあるコインもあり、あまりスペースを取らずに大きな資産を保管することができるのです。

第**4**章

コインを実際に売買するには

第1節

アンティークコイン投資の始め方

実際にアンティークコイン投資をするには

さて。前章まででアンティークコインコインについての理解が深まってきたと思いますので、ここからは実際に売買するための方法を学んでいきましょう。

コインを購入する時も売却する時も、それぞれに特色や注意点があります。知らないと損をすることもたくさんあるので（もちろん逆に知っていて得をすることもあります）しっかり頭に入れておいてください。

購入と売却には具体的にどんな方法があるのか？　ポイントを押さえながらメリットやデメリットをまとめていきます。

あなたにとって何が最適なのか考えながら読んでみて下さいね。

第2節

アンティークコインの購入方法

オークションハウスでの購入

やはりアンティークコインの売買といえばオークションです。コインオークションは世界で年間600回以上行われており、国内でも年に数回オークションが開催され年々増えてきています。

中には、会員制のシークレットオークションもありますが、その多くは誰でも気軽に参加することが可能です。

遠方に住んでいて、都内などで開催されるオークションに参加できない方でも、ネットや電話を使ってリアルタイムで参加、入札をすることができます。

やはりオークションの醍醐味は目玉となる希少コインが出品されることと、他にも多くのコインが一同に出品されることです。その目玉となるコインのジャンルによって、集まるコインのジャンルも変わってきます。

たとえば、あるオークションの目玉のコインがご存知『ウナライオン』だとすると、イギリスコインを目当てのコレクターが集まりやすいので、他に出品されるコインも必然的にイギリスコインが多くなる傾向があります。

大きな規模のオークションになると、欲しいコインが多すぎていくら予算があっても足りないほどですし、逆にマイナーなオークションでは、そこでしか出品されない激レアコインと出会えることがあるので、思わぬお宝を発掘出来た時は何とも言えない喜びがあります。

もちろん、目玉となるコイン以外にも希少なコインがたくさん集まります。

オークション開催前にどんなコインが出品されるかカタログで確認できますので、しっかり下調べをすることであなたのニーズにマッチしたコインを手に入れられるようになります。

それと約8年間オークションに参加して個人的に「これが一番の実利だ」と思っていることは、素晴らしいコレクター仲間が増えたことです。

彼らとの交流を通じて、得られる情報の質が桁違いにアップデートされました。アンティークコインの世界には、理由がわからないけど急に値上がりするコイン、或いはジャンルが度々登場します。

そういった情報は、ネットや本では絶対に知ることのできないのですが、ほんの一部のコレクターの間だけで情報が共有され、大きな値上がりが期待できるコインをいち早く発見することが出来るのです。

それに、アンティークコインの世界では、インサイダー情報は問題なく合法なので、「どこどこのディーラーがこのジャンルのコインを大量に購入するから一気に値上がるよ」といった情報をこっそり聞いても違法にはなりません(笑)。

このように、業界特有の流れや内部情報をいち早く掴めたことで、多大なる恩恵をもたらしてくれるようになりました。

他にも、非公開のオークションに参加するコネを得ることが出来る場合もありますし、好条件な個人間の取引へ紹介・発展したりと、そのメリットは語りつくせません。

ただし、やはりある程度の知識や経験とコミュニケーション能力がないと、そもそも信頼関係は築けませんし、中には悪い人もいるので注意する必要があります。

はっきり言えば、アンティークコインの業界では、世界中どこにいっても日本人はカモです。コイン業界というより金融リテラシーの低く、海外での交渉能力に不慣れな日本人はカモにされやすいんです。

コレクターと交流することなく、オークションだけに集中すれば大丈夫と思う方も注意が必要です。

「吊り上げ師」と言われる人たちがいて、仲間同士がグルになって価格をどんどん吊り上げていって、無知な人が負けじと入札した途端にピタッと入札が止まってしまい、高値で落札させられてしまった…なんてケースもよくあります。

要するにダチョウ倶楽部のどうぞどうぞ状態です(苦笑)。

そんな吊り上げ師の罠にまんまと引っかかっている無知な日本人を

何度も目撃したことがあります(もちろんに日本人に限った話ではありませんが…)。

怖がらせるつもりはありませんが、こういった人たちもいるという事を理解しておいてください。知っているのと知らないとでは大きな違いがありますから。

最低限の知識と、しっかりと下調べをしていけば十分対策はできますが、やはり勝手がわからないと思わぬアクシデントがあるかもしれないので、最初の内はなるべく信頼できる人と参加することを強くおすすめします。

●オークションハウスでの購入メリット

1　珍しいコインに出会える
2　欲しい物を狙い撃ち出来る

3 事前にカタログで選べる
4 コレクター仲間が出来る

●オークションハウスでの購入デメリット

1 入札に負けて買えない可能性もある
2 競争によって価格が高騰しやすい
3 海外の開催が多いので何かと手間がかかる
4 言語・コミュニケーションの壁が高い

1つ補足しておきたいことがあります。

デメリットとして挙げた「価格の高騰」は、裏を返せばコイン市場全体が伸び続けているというプラスの見方ができます。売却時には利益を伸ばすことのできる強力なメリットとなります。

コインショップでの購入

続いてはコインショップでの購入です。

アメリカでは信号機よりもコインショップが多いと言われるほど身近な存在ですが、日本ではあまり馴染みがないですよね。

それでも日本にもコインショップは存在します。


コインショップの良いところは気軽に立ち寄り、コインを手に取って、見て、観賞したり購入できるところだと思います。

コイン好きな店員さんも多いので、色々な話を聞いてみると意外な発見があるかもしれません。


しかし、若干割高なケースも多いですし、投資としてはあまりオススメできないコインを勧められることもあるので、ある程度知識を身につけてからの購入をお勧めします。

それと本当に希少価値の高いコイン、今後値上がりがかなり期待できるコインなどは、一見さんには売ってくれない場合が結構あります。存在自体を隠したりしているお店もあります。

なので正直、どうしても欲しかったコインがたまたま適正価格で販売されていたりしない限りは、オークションやコレクターとの個人間売買などで購入した方が、良い買い物が出来る場合が多いので、その辺りは慎重に検討されることをオススメします。

●コインショップでの購入メリット

1 気軽に立ち寄れる
2 販売者が見える
3 実際にコインを手に取って見られる

４　専門的な話を聞いたうえで購入でき
５　偽物を掴まされる事はほぼあり得ない

●コインショップでの購入デメリット

１　国内にお店の数が少ない
２　種類が限定される
３　少し割高な場合もある
４　投資としては期待出来ないコインもある

国内ではお店の数が少ないとはいえ、生で色々なコインが見れる貴重な場と考えれば、実際に見にいくだけでもカタログで見るのとは別格の美しさが味わえますので、お近くにある方は買うかどうかはおいておいて、一度ぜひ見に行ってみると楽しめると思います。

コインコレクターからの購入

コインコレクターからの購入では、直接相手を見て購入でき、実際にコインを手に取って購入することもできます。もちろん、価格交渉も可能です。

一部のコレクターの間でしか手に入らない希少なコインもたくさんありますし、オークションとは違い競う相手がいないので交渉次第で理想的な価格で購入することが出来ます。

私自身、「えっ、こんな安く売ってくれるの!?」と驚いたこともしばしばあります。

理由は様々ですが、他のコインを買うために多少割安でも早く売却したい方もいますし、以前に誰かを紹介したからお礼で安くしてくれたとか、年配の富裕層の方に人柄を気に入っていただき、安く譲っていただいたケースなど色々あります。

但し、注意しなければいけないことが色々あります。

１つは、相手が人間なので色々な人がいること。中には偽物のコインを売りつけてくる人がいたり、足元を見られて高値で吹っ掛けてくる人もいたりします。

特に日本人は金融リテラシーが低いというのは世界でも有名ですし、その上で言語や文化的なコミュニケーションの壁もあるので、なかなか対等な立場で交渉するのは厳しい場合も多いです。

実際に私も海外オークションに参加するついでにコレクターを紹介してもらう事が多いのですが、必ずその国の友人を一緒に連れていきます。

知識や交渉スキルには自信がありますが、やはり同じ国の友人がいるというだけで対応が変わります。

それに正直、アメリカ人・イギリス人・ドイツ人・中国人・インド人・スペイン人など、それぞれの言語、文化、常識に完璧に対応できる人はそうそういません。通訳を雇って連れていくにしても、コインの知識がないと話になりませんので簡単ではないのです。

それと結構トラブルの種になることがあるので知っておいて頂きたいことは、交渉をするということは〝買う意思が明確にある時〟しか行ってはいけません。なんとなく交渉してみて結局買わないというのは完全にタブーです。

もちろん、折り合いがつかなくて決裂する分に問題ありませんが、買う気がなく興味本位で交渉をするのは相当失礼な行為とみなされます。私としても、そういう日本人をたまに見かけますが恥ずかしくなります。

細かい部分でいえば、そういうちょっとした価値観や文化や常識の違いがありますので、やはりプロの交渉人を挟むのがベターだと思います。

●コインコレクターからの購入のメリット

１　交渉次第で格安で購入出来る
２　レアなコインと出会える可能性がある
３　横の繋がりでさらにコレクターを紹介してもらえる

●コインコレクターからの購入のデメリット

１　交流を広げていかないと繋がれない
２　悪質な業者の可能性もあるので注意
３　言語や文化の壁でトラブルに発展することも…

少し敷居は高い部分はありますが、その分メリットも大きいのでコインを購入する際は選択肢として持っておけるとよいですね。

コインディーラーからの購入

ここまでオークションやコレクターから購入するメリットやデメリットをお伝えしてきましたが、やはりまずは業界に精通したプロフェッショナルであるコインディーラーに相談するのが一番確実です。

知識や経験、情報量もプロは違います。

私も初めてコインを購入した時は、ディーラーからですし、ディーラーとなった今でもディーラー同士で交流するケースが多いです。

知識と経験さえあれば、価値のあるコインを割安で購入することもありますし、狙っているコインがあれば相談も可能です。

ただ、ひとえにディーラーと言っても様々な方がいます。

知識や交渉能力、言語能力、各国のコネクションなど、国によって交渉の手順が違うので経験が浅い人に依頼するのは危険です。

そして、大切なのは人間性です。

自分の利益だけを考えて適正価格ではない価格で提案してくる業者やディーラーも中にはいるでしょう。…と、いうか結構います(笑)

アンティークコインを愛するものとして悲しいです。

折角アンティークコインに興味を持って一歩踏み出そうとしている方に対して酷い対応をするディーラーは消滅してしまえばいい、とまで思っています。

良い業者、良いディーラーを選ぶポイントは「相手を信頼できるか」です。コインは決して安いものではありません。安いものでも数万円はします。

言わずもがなですが、コインを購入するということは、コインがご自身の現金に代わる〝資産〟になることを意味します。

ですので、コインを購入する際は、必ず信頼のできる業者やディーラーから購入しましょう。事前に問い合わせをしたり、カウンセリングを受けたりすることをおすすめします。

第3節

アンティークコインの売却方法

オークションハウスでの売却

では、続いて売却についてお伝えしていきます。

アンティークコインの魅力の1つは、換金性の高さとお伝えしましたが実際にどうやって売却するのがよいのでしょうか？　こちらもメリットデメリットをまとめてましたので参考にしてくださいね。

オークションに出品する最大のメリットは、価格競争が起きやすいことです。

それに事前にカタログが多くのコイン投資家・コレクターの目に触れますので、個別に購入希望者を探すよりも段違いに効率が良いです。

オークションハウスでの売却は、売却手数料がかかりますが、購入の意志のある人が多数参加しているメリットがあります。

●オークションハウスでの売却のメリット

1 買い手が多く集まっている
2 値段が上がりやすい
3 売却まで時間がかからない

●オークションハウスでの売却のデメリット

1 国内での開催が少ない
2 場所によっては売却手数料が高い

3 売れない場合もある
4 支払いのタイミングはオークション次第である
5 出品に手間がかかる

デメリットの回避としては、購入時に値上がりが見込めるコインを適正な価格で購入し、中長期で保有することが何よりも重要です。

購入をしても、そのコインの需要がなければ収益も見込めないからです。

コインショップでの売却

コインショップでの売却は、一番手軽な方法です。

お店でその場で現金化できるのは最大のメリットですが、レアなコインであればあるほど、オークションに出品すれば価格が吊り上がる可能性がありますし、コレクターが高値で買ってくれる可能性もあります。

逆にそこまで価値が高くないコインであれば、お店側も買い取るメリットが低いので安値を提示されたり、買取り自体を断られることもあり得ます。

ですので、オークションとは違い希望の価格での売却が出来なかったり、高値での売却は難しいと思っておいていただいた方が無難です。

また、まだ市場規模の小さな日本では国内にあまり店舗が多くないのが現状でしょう。

●コインショップでの売却のメリット

1 その場で現金化できる

●コインショップでの売却のデメリット
1　ショップによって価格が異なる
2　安価で買い取られる可能性が高い
3　ショップにクライアントが少ない場合は断れることも
4　近場にショップがないと移動の手間がかかる

コインコレクターへの売却

こちらは、あくまでも個人間での売却になります。

希望の金額での売却が見込めない場合は売却しなければいいので、時間と資金の許す限り納得する価格で交渉ができる方法です。

ショップでの売却と同様に、比較的手軽な方法です。

但し、国内のコレクターだけだとまだ人数が少ないのが難点です。

海外のコレクターと交渉する場合は、購入のときと同様に高い壁を越える必要がありますので、交渉人を通すことを強くおすすめします。

●コレクターへの売却のメリット

1　手軽に売却できる

2　交渉次第で高値で売却できる3横の繋がりができていく

●コレクターへの売却のデメリット

1　国内で探すのは大変

2　外国人との交渉は壁が高い

コインディーラーへの売却委託

コインディーラーは業界に精通しているので、価格も市場価格に相当する金額で買い取ってくれる可能性が高いです。

あるいは、購入希望者を探してもらう方法もあります。

ディーラーによって委託販売の手数料が発生しますが、業界に精通したディーラー独自のネットワークを使って所有しているコインの価値をわかってくれるコレクターを探してきてくれます。

ただし、ディーラーによって売却金額、売却までの期間、売却委託手数料は変わります。事前に問い合わせをしてみるとよいでしょう。

しかし、しっかりと知識をもってないと、ディーラーによっては購入金額を安く提示してくる可能性もありますので、手放しで信頼するのは危険です。信頼のできるディーラーへ売却しましょう。

●ディーラーへの売却や委託のデメリット

１　信頼できるディーラーでないと安い価格を提示されるかも

２　ディーラーによっては高額な手数料を取られることも…

●ディーラーへの売却や委託のメリット

1 手軽に売却できる
2 適正価格で売却できる
3 幅広いアドバイスもしてもらえる

以上、本章ではアンティークコインの購入方法・売却方法について解説してきましたが、オークションの開催状況や、ディーラー情報なども常に移り変わっているので、ぜひ最新の情報を追って頂ければと思います。

繰り返しになりますが、本書の読者専用に用意した最新情報共有サイトもぜひご利用ください。

アンティークコイン投資の鬼

はやまん
コイン投資ラボ

本書読者限定！

アンティークコイン投資で
「勝つため」の最新情報を
無料で公開中！

登録は次ページで

無料プレゼント中のコンテンツ

・アンティークコインの世界を深く
　学べる教材（コラム）

・アンティークコイン投資を取り巻く
　最新情報（動画）

・有料コミュニティメンバー限定
　オンラインセミナーに特別に無料招待！

・その他、有益な情報を随時追加予定

登録はこちらから

① QR コードを読み取ります

② ページ内のフォームに必要事項を入力して送信します

③ 登録したメールアドレスに案内が届きます

第5章

アンティークコイン投資で失敗しないために

第1節

結局身近なのはディーラー

一番手軽でオススメなのはディーラーに相談すること

第4章で基本的なアンティークコインの売買ルートをご紹介しましたが、あなたが特別な技能やコネを持っていない限り、アンティークコイン投資を始める最も手軽な方法は、ディーラーに相談することでしょう。

ディーラーに相談したからといって、必ずコインを購入しなければいけないわけではありませんし、まずは実際にプロの話を目の前で聴くことをオススメします。

もちろんＺｏｏｍなどのオンライン相談もできますが、個人的にはできれば実際にコインを見せてもらえるところに行くのが良いと思います（コインショップでもいいですが、先ほどお話ししたように数が少ないです）。

これ ばかりは実際に手に取ってもらわないと上手く伝えられませんが、やはり数百年～数千年の歴史のあるものはなんとも言えないパワーがあります。こうして書籍を読んだり、Ｙｏｕｔｕｂｅなどで動画を観たりするのとは比べものにならないくらい、一気にアンティークコインへの興味が深まるはずです。

また、オークションに参加する場合や、コインコレクターと売買したいとしても、そういった投資の一部をサポートしてくれるディーラーの方もいますので、そのあたりも相談してみるといいでしょう。
ただ、その場合に気をつけなければいけないことがあります。

悪徳ディーラーに気をつけよう

同じディーラー業を営む人間として心が痛いのですが、残念ながら世の中には悪徳ディーラーがたくさんいます。というか、半数以上です。

ただ、悪徳ディーラーと言っても、詐欺を働いたり騙したりするといった人は少数で、**悪意なく暴利をむさぼっている人や、単純に自分が売りたいコインを売りつけてくる人がたくさんいるということです。**

私はこういった人たちを「誠実な詐欺師」と呼んでいるのですが、彼らの多くは対応が誠実で親身になってくれているように見えるので多くの人が信頼してしまいます。誠実な詐欺師にせっかくの利益を食われないように、予め「知っておくこと」がとても大切です。

誤解をしないでほしいのですが、私も含めディーラー業というのは「商売」です。慈善事業ではないので、ビジネスとして手数料を頂きます。そしてその割合を高くすること自体は違反でも何でもありません。

ただ、1000円で仕入れたワインを言葉巧みに1万円以上で売りつけてくるソムリエがいるお店ではワインを飲みたくありませんよね？　要するに、ディーラーに搾取されないように、最低限の知識を身につけましょうねということです。

また、私から言わせれば、たとえば銀座の一等地にオフィスを構えているようなディーラーは信用できません。

アンティークコインの売買を仲介するのに豪華なオフィスは必要ないはずで、そこに発生している家賃や人件費はビジネス上の経費なのですから、その分利ざやを大きく取っていると考えてしまうからです。

とにかく大事なのは、最初に相談したディーラーだけの話を聴いてすぐに信用するのではなく、何人かに話を聴いた上で「選ぶ」ことです。私もディーラー業をしていますから、頼っていただけると嬉しいというのは本心ですが、お住まいの地域・人間的に合うかどうか・手数料の問題などありますので、ぜひ他のディーラーと比べてみてほしいです。

ここで少しだけプレゼンさせてください

ぜひ比べてほしいと言ったのですから、私は自分のディーリング業に自信をもっています。

もちろん最終的にはご自身で判断して頂いて構わないのですが、ここで少しだけ自分の強みをプレゼンさせてください。

まず、**弊社は購入代行時の手数料が、他のディーラーと比べてかな**

りお安くなっています。これは、他のディーラーにも相談するなど、少し調べれば分かることです。

経済の動きによって多少上下するので、本書に何％と明記することはできないのですが、同業他社に比べて圧倒的に安い設定にしています。（私の知る限りではありますが、うちより安いところは聞いたことがありません。）

なぜ、他社より安くできるのか？　それには３つの理由があります。まず１つ目のポイントは、**これまでの活動で育んできた「圧倒的な仕入れルートの多さ」**です。仕入れルートが多いということは、その分良いものを安く仕入れることができるということです。

安く仕入れることができた際は、その分少しだけ金額を載せて販売させて頂くことにより、購入者さんの資金はそのままで、弊社が利益を得ることができます。

２つ目のポイントは、**「末永いお付き合いを期待している」**点です。大変ありがたいことに、弊社にてコインを購入してくれたお客様は、リピートの確率がものすごく高いのです。

もちろん、手数料を安くしている影響もあるのでしょうが「試しに３００万円のコインを購入した方が、半年で１００万円の利益を得ることができたから、５００万円でもう１枚」という事例が数多くあります。

また、そういった成功体験から、ご友人などを紹介してくれる方も多いのです。

普通のビジネスに置き換えて考えて頂ければ分かると思いますが、そうやって何度もご利用頂ければ、１回の手数料が少なくてもビジネス全体の規模は担保されます。**手数料を安くしてまずはお客様に利益を得る成功体験をして頂く。**これが、お互いにとってベストだと考えています。

最後のポイントは、私はこの**アンティークコイン投資の「魅力を１人でも多くの方に伝えたい」と思っている**のです。

忙しい中、本書を執筆している理由も、Ｙｏｕｔｕｂｅなどで情報発信をしているのも、手数料をお安く設定しているのも、**全てはアンティークコイン投資に挑戦する人を１人でも増やすためです。**

本書でも書いてきたように、豊かになるために始めた投資で大きな損を出したり、利益は出ていても精神的に追い詰められたりする人を、たくさん見てきましたし、私自身もそうでした。

だからこそ、多くの方がはじめの一歩を踏み出しやすいように、手数料もギリギリまで抑えさせて頂いています。

偽善のように捉えられてしまうかもしれませんが、偽りのない本心なのでここに綴っておきます。

第2節

最低限学びたい知識

投資価値の低いものに手を出してしまわないために

本書の最初にお話ししたように、アンティークコイン全体の価格はずっと右肩上がりです。しかし、値上がり幅はコインによりますし、資金に上限がある以上、できれば短期間で大きく値上がりするコインを購入したいはずです。

500万円で購入したコインが、1年後に505万円にしかならなかったとしたら、投資としては別に失敗ではないかもしれませんが、うまみがありません。

投資効率を高く保つためには、「より値上がりの見込めるコイン」を「できるだけ安く」買う必要があります。

前節でお話ししたように、アンティークコイン投資を始める一番現実的な手法はディーラーを介して売買することですが、次のような事態を避けるため、最低限の知識は身につけていきましょう。

・向こうが売りたいだけの、値上がりがあまり見込めないコインを買わされてしまわないため

・手数料含めて、相場よりも遥かに高い不当な価格で購入してしまわないため

スラブとグレードとは

アンティークコインの価値を決める上で重要なポイントのひとつがグレーディング(鑑定)です。

アンティークコインには、その価値を評価する第三者機関が存在し、コインの品質を保証するために世界共通のグレーディング基準を設定しています。NGC(Numismatic Guaranty Corporation)とPCGS(Professional Coin Grading Service)という組織で、どちらもアメリカを拠点としているのですが、名前まで正確に覚える必要はありません。

大きな鑑定会社が2社あることだけは確実におさえておいてください。

NGCのスラブ

PCGSのスラブ

この２社によって鑑定されたコインは、専用のケース（スラブ）に入れられます。つまり、スラブに入っているということは、そのコインのグレードが保証されているということです。

スラブに記載されている情報は、ポイントを押さえればすぐに読み取れるようになるでしょう。コインの名称や、年代、国の名前、グレードなどが記載されています（参考までにサンプルの画像を掲載しておきますね）。

さて、ここで一番注意しなければいけ

ないことがあります。スラブに入っているということは、確かにそのコインの価値が証明されているわけですが、「アンティークコイン投資」という観点でいう「投資価値」が証明されているわけではないということです。

投資価値に影響を与えるのは、市場性や稀少性、状態の良いものの数です。

このあたりをよく理解せず、悪質なディーラーから「このコインはスラブに入っていて世界の評価機関で価値が証明されています」と言われただけで、信じて購入してしまう人も多いのです。

コインのモデル、発行年、発行枚数などは自分で調べることができるので、そのあたりは自己責任でしっかり調べるようにしましょう。ディーラーの言いなりになるのではなく、自分の知識をベースにして、ディーラーを「使う」意識が大事です。

ちなみに、このNGC・PCGSとは全く関係なく、ディーラー独自のグレードを決めている方もいます。要するに、「このコインは当店三つ星！」みたいな感じですね。言うまでもなく、独自のルールで煙に巻こうとしているので、気をつけた方がいい業者です。

モダンコインは初心者にはオススメしません

１００年～２５００年前に発行されたコインを、主にアンティークコインと呼びます。

紀元前からあるようなコインは、特にアンティーク感を感じますね。

これに対して、ここ50年ほどで発行されたものをモダンコインと呼びます。

何かの記念硬貨や、人気のあるアンティークコインにリメイク商品などがあります。ウナとライオンなどは高価すぎて保有できないので、リメイクコインで我慢しよう、という方も結構いるようです。

比較的安価な商品もあり、購入しやすい商品ではあるのですが、はっきり言って購入はお勧めしません。


理由は2つあります。まずは価格の上下が激しく、値動きが読みにくい点です。

ウナライオンのリメイクのように、自分が保有して愛でたいという理由で購入するのは良いのですが、値上がりを期待して購入すると思ったような結果にならないことが多いと思います。

時計やブランドに明るければご存じだと思いますが、ロレックスやパテックフィリップ、エルメスやルイヴィトンなどのブランドは歴史があり価値が担保されているので、しばらく保有しても値段が落ちません。一方で、ウブロやドルチェ＆ガッバーナなどの新しいブランドは、そうではありません。もちろん値上がりすることもあるでしょうが、人気がなくなり値段が下がるリスクがあるのです。

同様に、モダンコインも値下がりのリスクが常に付きまとい、アンティークコイン投資の一番の特徴である「リスクの低さ」を満たしていないのです。

もう1つの理由が、最高グレードのコインしか価値がないことが多く、なかなかお目にかかれない点です。

勉強して詳しくなっても、肝心の商品が出回っておらず、買いたくても買えないような状況に陥りやすいということです。

このような理由から、

・すでにアンティークコイン投資をやっていて

・モダンコインについても詳しいし
・リスクを受け入れて投機的になっても良い

などのケースを除いて、できるだけ避けた方が無難です。間違っても「購入しやすい価格ですよ」とディーラーに言われて1枚目に買うコインに選ぶようなことは避けましょう。

実際に、先日私のところに「ディーラーに勧められるがままモダンコインを3枚買ったけど、それから情報収集を重ねてモダンコインはダメだと判断。3枚売ってアンティークコインを1枚買いたいのですが」という相談が来ました。

くれぐれもご注意くださいね。

古代コインに気をつけよう！

紀元前６００年～４００年くらいの古代ローマや古代エジプト、古代ギリシャで作られていたコインを、古代コインと呼びます。

今から２５００年前のコインなので、綺麗な円形ではなく、楕円形やぐにゃっと曲がったものが多いのが特徴ですね。

古代コインのモチーフになっているのは、神話の神様や道具、偉大な王などが多いのですが、歴史やロマンがぎっしり詰まっていて、私も大好きなコインです。

ただ、古代コインを投資対象にするなら気をつけなければいけないことがあります。

まず、このコインの鑑定はＮＧＣ社しか行っていないこと。古代コインはかなり古いものなのでその価値を鑑定するのに、それこそ博物館レベルの知識が必要になるので、正確な鑑定をできる人間が多くのないのです。PCGS社では一切行っていません。

ですから、PCGS社のスラブに入った古代コインというのは存在せず、もし出会うことがあるとしたらそれは偽物ということです。

また、古代コインのグレーディングは、打刻の状態・表面の状態・全体の評価の3分野に関して5点満点のうち何点かという鑑定になります。

これらのコインは、当時機械ではなく手彫りで作られているので(鋳造)同じ種類のコインであっても1枚1枚表情が異なり、一律の評価をするのが難しいということになります。

ですので、ロマンあふれる魅力的な古代コインですが、投資対象として検討する時は、信頼できるディーラーに相談しながら検討することをオススメします。

第3節

アンティークコイン投資を楽しもう

他の投資にはない楽しさ

メリットの章で解説したとおり、アンティークコインは金融危機に強く、安定して値上がりしている資産のため、初心者でも利益を出しやすい商品です。しかし、アンティークコインの魅力は利益が出やすいだけではありません。

私が数々の投資方法を試して感じたことですが、アンティークコインには「保有する楽しさ」があります。

株式や不動産では味わえない楽しさがあり、楽しく投資をして利益も得られるのがアンティークコインの最大の魅力です。

どんなところに楽しさがあるのか、具体的に紹介していきましょう。いずれも他の投資方法にはないアンティークコインならではの特徴です。

アンティークコインを通して歴史を感じる

アンティークコインは、保有することそのものに喜びを感じられる数少ない資産です。

手のひらの上で歴史を愛でられるなんて、他の投資資産にはほとんど見られない特徴です。

コインは古代から現代までの人々に必要とされてきたものなので、小さなコイン１枚にも膨大な歴史が詰まっています。

古代ギリシャのコインには古代の人々の思いが、近代のイギリスのコインには産業革命など激動の時代を生きた人々の思いが詰まっているのです。

これほど歴史を身近に感じることができ、歴史のロマンに感慨深く浸れるものは、アンティークコインの他には無いでしょう。

コインを介して世界の歴史や激動の時代を生きた人々の思いを感じられるところが、アンティークコインの大きな魅力です。

楽しく学べば学びも苦にならない！

アンティークコイン収集は、世界の歴史を学ぶことと切り離せません。

例えばイギリスのコインを集める場合、イギリス王室の系譜を学ぶことでコレクションを充実させることができます。

イギリスのコインには歴代の王の肖像が描かれており、王が交代するとコインの肖像も変わるので、漏れなくコレクションするためには王室への理解が欠かせません。

このように、アンティークコインの収集には歴史の知識が大切です。歴史を学ぶ楽しさを味わえるのも、アンティークコイン投資の特徴と言えます。とはいえ、学生時代のように机に向かって教科書を広げ、年号と出来事を暗記するといった勉強ではありません。

本書でも値上がり事例を紹介した「テルマエ・ロマエ」などの漫画や、「英国王のスピーチ」といった映画から知識を広げていけば良いのです。

歴史を題材にした映画や本、漫画に親しめば、楽しく知識を身につけられますよね。

アンティークコインの収集には、このようにして楽しく身につけた知識を活かすことができます。

資産運用しながら収集も楽しめる

人類は古代から現代までの歴史の中で、多種多様なコインを発行してきました。アンティークコインと言うと一般的には欧米のコインを指しますが、より範囲を広げれば、アジアやアフリカにもコインはあります。

したがって、現在、地球上に存在するコインは数えきれないほどの種類があります。

中にはオークションなどで市場に出回りにくいコインも多数あり、長らくアンティークコイン投資をしてきた私でも、見たことがないコインに出会うことがあります。

例えば残存枚数が極端に少なく、コレクターがなかなか手放さないコインなどです。

どんなにコインに詳しくなっても、未知のコインは必ずあるものです。新たなコインに出会う度にワクワクし、知識欲を刺激されます。アンティークコインの世界は奥が深いので、いつまでも新しいコインにワクワクできるのが魅力的です。

また、これは私が個人的に感じていることなのですが、世界（もちろん日本も）の博物館巡りが楽しくなります。

実は、世界各地の博物館はコインのコレクションも充実しており、アンティークコイン収集を始めて知識が身についてくると、こういった場所をさらに楽しめるようになります。

コインショップやオークションではなかなかお目にかかれない貴重なコインを博物館で見ることもあり、アンティークコインの知識があるからこそ価値が分かって展示を楽しむことができます。

特に欧米の大きな博物館はコインのコレクションも充実していることが多いです。例えばイギリスの大英博物館は古代ギリシャ・古代ローマから近現代までさまざまな時代や国のコインが収蔵されています。

同時代の他の歴史的な作品とともに展示されているため、当時の王族や貴族、市民の暮らしとともにコインを学ぶことができます。

日本国内だと、日本銀行金融研究所貨幣博物館でお金について学ぶことができます。

常設展示は日本のお金の歴史で、江戸時代の金貨の実物を見たり、重さを体感したりできます。

博物館というと難しく退屈なイメージをお持ちの方もいらっしゃるかもしれません。

ですが、アンティークコインの知識が少しでも身につくと、価値が分かって楽しめる施設に様変わりします。

コインの知識をきっかけに歴史全般に興味が広がることもあり、アンティークコイン投資は趣味としても優れていると言えるでしょう。


以上のように、アンティークコインには実利的な投資だけでなく、さまざまな楽しみがあります。

もちろん、アンティークコインで利益を出すことは重要です。しかし、利益のためだけでなく、さまざまな楽しみを感じられるのもアンティークコインの特徴です。

楽しみながら利益を出せる投資資産というのがアンティークコインの最大の特徴なのです。

おわりに

アンティークコイン投資の世界はいかがでしたでしょうか？

私が本書を通して伝えたかったことは「投資の種類について理解して、自分に合った投資商品を探してほしい」ということです。

本文中でもお話ししましたが、私はこれまでアンティークコイン投資だけではなく、株やFX、不動産など、あらゆる投資に挑戦してきました。今でこそバランスのいいポートフォリオを組めていますが、FXや不動産をメインにしていた頃は精神的に疲弊し、最終的には倒れて入院するハメになりました。

今思うと、リスクの取り方が分かっていなかったのです。

断言しておきますが、大前提として投資に興味をもつことは絶対的に「良いこと」です。

本書執筆時(2022年5月)数年にわたるコロナウィルスの大流行で経済は混乱し、さらに日本は歴史的な円安を記録しています。国や社会に依存する生活は危険ですし、自分の資産・自分の未来は自分で守らなければいけません。

しかし、だからといって、大事な資産を何も考えずに適当に投資すればいいというわけではないのです。

株式投資、FX、不動産、金、アンティークコイン…投資としての優劣ではなく、それぞれ明確な特徴があります。向き不向きもあるでしょう。

まずはそういった投資商品の特徴をしっかりと理解し、そして、自分が投資を志した目的を思い出してください。

投資を志す人の多くが、手段と目的をはき違えているように感じます。

豊かな生活を送るための「手段」として投資を始めたはずなのに、いつの間にか投資すること自体が「目的」になってしまい、身動きが取れなくなっているのです。

たとえば、本書の中でもご紹介した「勝ち負けのある」投資に関しては、才能ある人、センスある人、経験豊富な人に勝たないと利益を出せないのです。それどころか大切な資産を失ってしまいかねません。

よほどの自信、よほどの興味関心がなければ、投資初心者の方は、まずはリスクの少ない現物資産への投資から始めるべきです。本書のテーマであるアンティークコインや金（GOLD）などですね。

ぶれないベースを作った上で、勉強する時間を確保した上で、株や不動産などに手を広げる方が無難です。

私にコイン購入相談をしてくれる方の多くが「もっと早くアンティークコインをポートフォリオに組み込めば良かった」「投資を始める時にこの商品を知りたかった」と口を揃えます。

特に投資初心者の場合、成功体験が重要です。まずは100万円のコインを購入してみて、半年後に110万円に値上がりすれば「なるほど。お金に働かせるというのはこういうことか」と実体験ベースで理解できるでしょう。

投資商品の候補のひとつに加えてもらえれば、本書を執筆した甲斐があります。

また、現在私は、アンティークコイン投資で勝ち続けるために必要な知識・情報・経験をシェアする「はやまんコイン投資ラボ」という有料のコミュニティを運営しています。

もし、本書を読んでアンティークコイン投資に興味をもって頂けたようでしたら、ぜひ1ヶ月だけでも利用を検討して頂けたらと思います。

現在、非常に多くのコイン購入相談を受けており、一般の方からのご依頼はかなりお待たせしている状況ですが、こちらのコミュニティメンバーは優先的に依頼を受け、また条件面でもかなり優遇させて頂いています。

本書を読んで、今すぐにでもコインを購入したいから相談したい、という場合も、まずは「はやまんコイン投資ラボ」へご参加頂くのが、最も早く最も良い条件で購入頂けるルートかと思います。

宣伝だけになってしまっても仕方がないので、本書を手に取って頂いたお礼に、メンバー限定で毎月やっているオンラインセミナーに、一度無料でご招待させて頂きます。

ぜひ一度動いている私を見てほしいですし、セミナーの中ではQ&Aコーナーもやっていますので、本書を読んで疑問に思ったことや聴いてみたいことがあれば、是非そちらでどうぞ。

コメントの際は「書籍読んだよ」と添えてもらえると嬉しいです。

ディーラーのお仕事もやっているので、コインの購入相談を頂くのも大変ありがたいのですが、末永くお付き合いしたいので、まずは人となりを確かめて頂ければと思います。

その上で、私たちのラボの仲間に入ってくれると最高に嬉しいです。

もちろん、有料のサービスを利用するかどうかに関係なく、こうして本書を通してご縁ができたあなたの投資での成功を心よりお祈りしています。

何か良い結果が出た際は、メールなどでお気軽にご報告ください。

それでは、最後までお読み頂き、本当にありがとうございました。

葉山 満

無料プレゼント中のコンテンツ

- アンティークコインの世界を深く学べる教材（コラム）
- アンティークコイン投資を取り巻く最新情報（動画）
- 有料コミュニティメンバー限定オンラインセミナーに特別に無料招待！
- その他、有益な情報を随時追加予定

登録はこちらから

① QR コードを読み取ります

② ページ内のフォームに必要事項を入力して送信します

③ 登録したメールアドレスに案内が届きます

葉山 満（はやま みつる）

1984年生まれ。16歳の頃起業し、様々な事 業に挑戦する一方で、株式投資・FX・不動 産投資などあらゆる投資にも取り組み、事業 家と投資家二つの顔を持つ。現在は極めてリ スクが低く心穏やかに投資ができるアンティー クコインのディーラー業に力を入れている。

アンティークコイン投資　解体新書

2022年10月31日　初版第1刷発行

著者／葉山 満

表紙・本文デザイン／株式会社アド・クレール ほか

印刷所／株式会社クリード

発行・発売／株式会社ビーパブリッシング

〒154-0005 東京都世田谷区三宿2-17-12　tel 080-8120-3434

ISBN 978-4-910837-04-8　C0034